信長の自己神格化と本能寺の変

笠谷和比古
Kasaya Kazuhiko

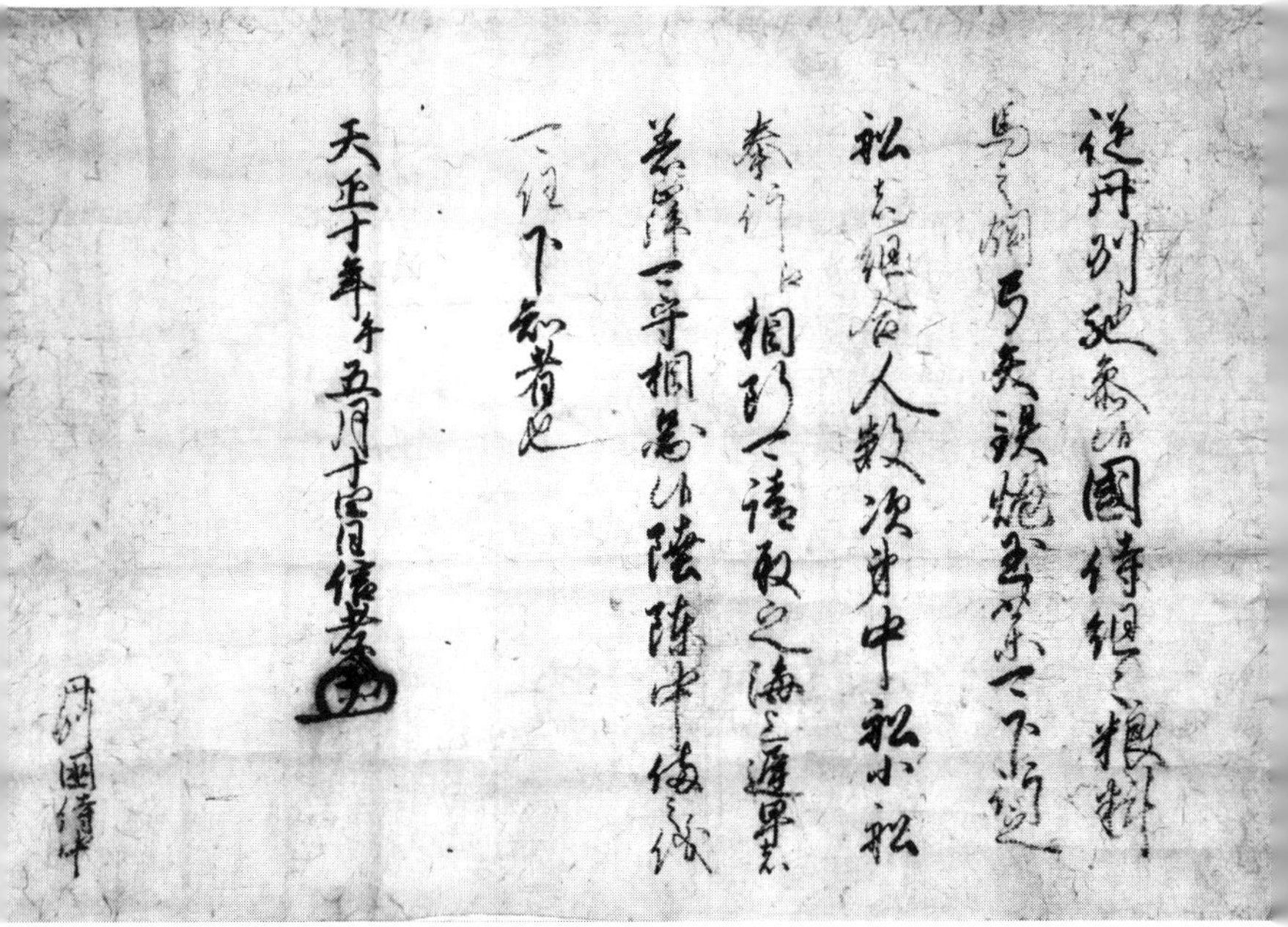

神戸信孝直状（個人蔵、亀岡市文化資料館寄託）

本能寺の変の2週間ほど前、天正10年（1982）5月14日付で、神戸信孝（信長の三男）から丹波国内の国侍たちに宛てて出された四国渡海軍への動員令。信孝は四国の長宗我部を討つ作戦の総指揮官であった。明智光秀はこの日、徳川家康の接待役を務めるべく安土城に詰めていた。丹波国の領主である光秀の存在を無視するかのようなこの示達に対し、光秀が信長に問いただし、両者の諍いに及んだことは想像に難くない。同17日、光秀は家康の接待役を解任され、秀吉が戦っている毛利攻めへの出陣命令を受けることになる。

はじめに

本書は、織田信長の政権と本能寺の変の歴史的意義を論じた史論である。本能寺の変の原因や背景的事情をめぐる問題は、信長という人物の尋常ならざる個性ともあいまって人々の興味と関心をひきつけるテーマであり、おびただしい数の関係図書が公刊されている。

そこで提示されている本能寺の変の原因諸説をめぐってもまさに百家争鳴の観を呈している。そのような中で、それらのいずれでもない独自説を展開するというのは至難の業に近いものがあるが、あえて、私見を述べて読者諸賢の御批判を仰ぎたく思う。

そもそも本書において展開している筆者の本能寺論というのは、随分と昔のことになるが、平成六年(一九九四)に公刊した拙著『士〈サムライ〉の思想』(日本経済新聞社刊、現在、筑摩書房『ちくま学芸文庫』に収録)の中において論述したところと関連している。

同書は旧著『主君「押込」の構造—近世大名と家臣団—』(平凡社選書、のち講談社学術文庫)の姉妹篇と呼ぶべきもので、主君「押込」の慣行—悪主・暴君に対して諫めてなお聞き入れられない時、家臣団の手で当該主君を隠退に処する慣行—という独特の政治現象を踏まえ、そのような慣行を内在する徳川時代の大名家(藩)の組織論理や権力関係とは、どのようなものであるかを分析している。

中世末・戦国時代の下剋上といわれる状態を克服して形成された徳川時代の大名権力は、絶対的ともいえる強大さをもっているとされるのであるが、ところが他方ではこの強大な権力を有しているはずの大名が、家臣たちによってその行動を制約されているという、矛盾をはらんだ政治構造を示している。前掲『主君「押込」の構造』は、この矛盾をはらんだ政治構造の具体的な姿を、徳川時代の大名家（藩）の組織に即して分析・研究した成果である。

これに対して、このような矛盾をはらんだ政治構造を形成した歴史的な前提、来由とは、いったいどのようなものであったのか。その問題に取り組んだのが前掲の拙著『士〈サムライ〉の思想』の第二章「織田信長の組織革命」であった。

そこでは中世型の政治秩序や下剋上的な状況、一向一揆に代表される農民蜂起に対して、これを果断に乗り越えていく信長の行動力と、彼が構築した主君権力を絶対化する政治構造に着目した。そして同時に、この信長型の政治体制が引き起こしていく矛盾の展開の中に本能寺の変を位置づけていくとする見解を示した。

前掲拙著ではこのような構想を略述したにすぎなかった。本書は前書でラフスケッチしたところを、信長政権の推移に即してより具体的に、そしてより掘り下げて分析・検討したものである。

本書の構成について簡単に述べるならば、第一と第二の章は信長と光秀の生涯と事績を略述しており、基礎的事実の確認である。この方面の経緯について詳しい読者の方はスキップしていただいて結構である。ただし「信長の遺体の行方」とか「安土城焼失の謎」といったコラム的部分もあるので、目を通していただければ幸いである。

第三章は本能寺の変をめぐる研究史的検討の箇所。ここでは将軍足利義昭、天皇・朝廷、羽柴秀吉の三者を事変の背景者とする、いわゆる陰謀説を検討する。次いで光秀単独説の観点から、怨恨説、野望説、焦慮説、(信長の)非道阻止説、四国問題説などの諸説を吟味していく。

第四、第五、第六の三つの章が本書の本論部分であり、筆者の本能寺論を展開している。そしてそれはとりも直さず信長政権論であり、自己神格化を志向する信長政権の特質と、その構造的矛盾の発現として本能寺の変を位置づけていくという構成をとっている。

本書の試みの当否については、他の著書の場合と同様であるが、最終的には読者諸賢の御批判にゆだねる他はないであろう。

令和二年(二〇二〇)六月二日

著　者

＊本能寺の変をめぐっては夥しい数の論著が公刊されている。従って、どのような論を立てようとも、既往の諸説のいずれかに抵触することは避けられない。筆者としても充分注意しているつもりであるが、その危険を免れないであろう。そのような場合には筆者の不明をお詫びする他はない。

＊史料の引用に際しては、読者に読みやすいように表記を適宜改めている。当時の法令や武士の書状は、例えば「‥可被仰付候」のように漢文的な表記が多いが、すべて読み下しにしている。また漢字の特殊な用法も、かな文字に直している。例えば「…計り」「…ばかり」など。また逆に、かな表記で読みづらいものは漢字に直している。たとえば「てつほうのもの」→「鉄砲の者」など。『三河物語』の原テキストはカタカナ表記であるが、かな文字に直している。

信長の自己神格化と本能寺の変　目次

はじめに　1

第一章　信長の生涯と織田政権の推移　11

一、政権以前　12

幼少家康との出会い／婚姻／家督相続をめぐる対立／尾張の統一／桶狭間の戦い／美濃攻略

二、上洛から将軍義昭の追放まで　22

上洛／朝廷からの要請／義昭と信長との不和――反信長戦線／越前攻めと金ヶ崎の退却陣／姉川の戦い／比叡山焼き討ちと将軍義昭との対決／武田信玄の上洛作戦／信玄急死／将軍義昭追放／浅井・朝倉の滅亡／一向一揆との対決／長篠の合戦／越前一向一揆／伊勢攻略

三、安土城築城から武田討伐まで　49

安土城建設／石山本願寺の戦い／上杉謙信との対決／加賀国手取川の戦い／松永弾正の最期／荒木村重の反乱／信長の多方面作戦／毛利勢力との対決／石山本願寺の講和撤退／織田家臣団の粛清／改易の連鎖／京都馬揃え／武田家の滅亡

四、本能寺の変　72

変の経緯／織田信忠の最期

第二章　明智光秀の出自と人となり　85
一、生い立ちと土岐氏について　86
出自をめぐる諸説
二、織田家臣時代　88
丹波平定／勲功抜群の者
三、本能寺の変に至る経緯　94
愛宕参篭と百韻連歌／本能寺への途／謀反決起の決断／家康討ちとの噂／信長の遺骸のゆくへ／光秀サイドの思惑
四、山崎の戦い　108
光秀の統治／光秀をめぐる諸勢力の動向／安土城焼失の謎／大軍と戦うのに最適の地／一次史料としての天王山
第三章　本能寺の変をめぐる諸説　123
一・光秀の単独行動説　124
怨恨説／焦慮説／信長非道阻止説／四国問題説

二、足利義昭黒幕説　133
三、朝廷陰謀説　135
三職推任問題／朝廷の深い憂慮／近衛前久黒幕説
四、羽柴秀吉関与説　143
「中国大返し」の謎／退却戦の困難さ／小早川隆景の配慮／事前に事変勃発を知らなかった秀吉
第四章　長篠の合戦　153
一、兵農分離と足軽鉄砲部隊　154
足軽の用兵と質の違い／農業サイクルによる制約／専門戦士による常備軍／兵農分離論への批判／堺の直轄地化――鉄砲と火薬――
二、長篠城をめぐる攻防　161
織田・徳川軍の布陣／武田軍の動向／鳶の巣山攻防戦
三、決戦の経緯　167
『甲陽軍鑑』の記述／『信長公記』の記述／『三河物語』の記述
四、織田・徳川側の基本戦法　177

三著の事実認識の違い／大久保兄弟の囮出撃／武田軍の騎馬戦法／関ヶ原合戦のスタイル／織田・徳川側の鉄砲使用法／織田軍の鉄砲数と攻撃法／火縄銃のメカニズム／武田軍の退却／軍制構想の実験場

第五章　信長の専制――その自己神格化をめぐる問題――　201

一、絶対的忠誠と個人崇拝　202
信長の目指した政治体制／ルイス・フロイスの報告／安土城の宗教性／信長の自己神格化をめぐる論争／容認できなかった堕獄的な振る舞い

二、信長のカリスマ性　214
神秘的能力を印象づけた二つの事件／神仏の加護を得た特別な存在／『甲陽軍鑑』の予言

第六章　本能寺の変　223

一、事件論的性格　225
襲撃事件の性格／信長を討つという一点のみ／突発的出来事である証拠／細川藤孝への手紙／曖昧模糊とした挙兵理由／光秀の決起の事情／暗転の機縁／丹波国の領有問題／神戸信孝示達の意味するもの／丹波国・志賀郡坂本の召し上げ説／次々と沸き起こる疑念／使い捨ての駒という自覚／いつかは粛正される運命

二、歴史動態論的検討　248
信長の支配体制／光秀の反逆／長篠の合戦の意義／新たな軍制構想の実験場／固有戦力としての足軽部隊／信長の家臣団粛清／光秀の位置
三、結語　260
中世から近世へ／信長のカリスマと専制／伝統的武士の自立性／信長体制下の知行形態／国制的問題としての本能寺の変
あとがき　273

第一章　信長の生涯と織田政権の推移

一、政権以前

信長は天文三年（一五三四）五月十二日、尾張国の戦国大名・織田信秀の次男として誕生した。(1) 幼名は吉法師。信長の生まれた織田家（「織田弾正忠家」）というのは、織田家でも末流にあたる。尾張国の守護大名・斯波《しば》氏の被官である、尾張国下四郡（愛知・知多・海東・海西郡）を支配して清州城に居していた守護代の織田家（「織田大和守家」）の家臣にして分家という家柄であった。代々「弾正忠」という称号を用いるところから「織田弾正忠家」と呼ばれていた。信秀が勝幡《しょばた》城（現、稲沢市）を持ち城としていたことから、勝幡の織田とも称せられた。

信長は信秀の二番目の男子であったが、母・土田御前が信秀の正室であったことから嫡男となり、十三歳にして信秀の持ち城の一つであった那古野城（現、名古屋市中区。この那古野城は現存する名古屋城二の丸あたりの位置にあった）を与えられる。幼少から青年期にかけて奇矯な行動が多く、尾張の大うつけと称されていた。しかし一方では若くして、日本へ近年伝わった種子島銃なる新型の武器に関心を持った挿話などが知られる。

幼少家康との出会い

またこの頃のことであるが、隣国三河国の領主松平広忠の嫡子であった竹千代（のちの徳

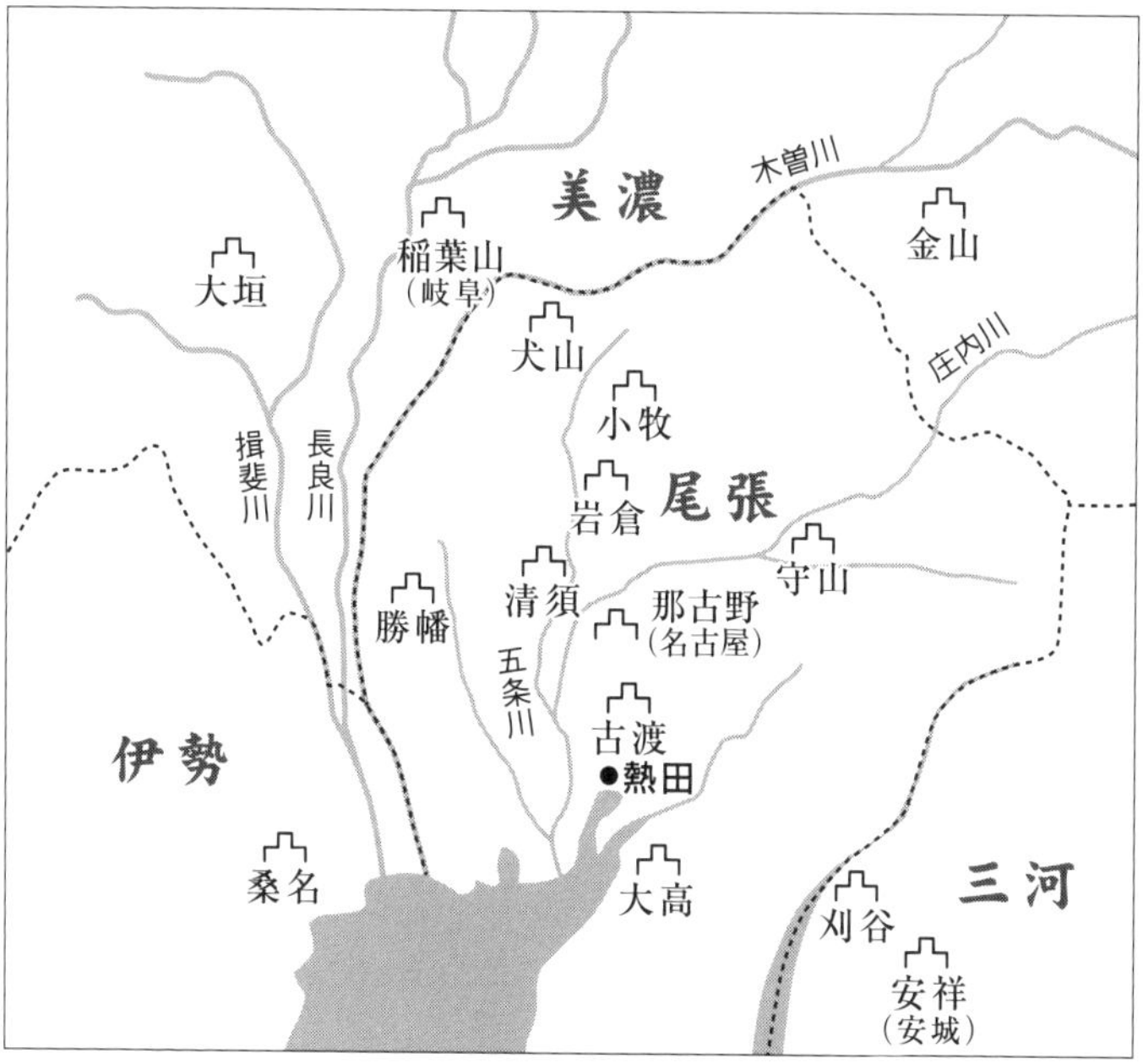

尾張国要図

川家康)が駿河の今川家の下に人質として送られようとしたとき、その移送を担当した三河国田原城主・戸田康光の裏切りによって織田家に護送されてくるということがあった。天文十六年(一五四七)、家康六歳、信長十四歳の時であった(2)。

当時、織田信秀は隣国三河国で台頭してきた松平家と対峙しており、さらに松平家の背後にはこれを支援しつつ東海道方面の諸国を支配下に収めようとする駿河国の今川家の存在があった。そのようなことから、織田家は松平・今川家と緊張関係にあったのであるが、そのような時に思いがけずも松平家の幼い惣領息子が人質として、信秀の下に送られてきたのである。

幼い竹千代は熱田の土豪加藤図書《ずしょ》なる者の屋敷に囲われることとなった。さて信長である。信長とこの竹千代の両者に交流があったという点について史料は何も残されてはいない。しかし、そもそもそのような子供同士の交友については、文書、記録に記されるような性格のものでもないであろう。しかし好奇心旺盛な信長が、計略によってさらわれてきた松平の惣領息子がどんなものか見てやろうという思いを抱くのは、ごく自然な感情であったのではないであろうか。当時、信長が居た那古野城から熱田までは二里ほどであり、馬で駈ければ問題ない距離でもあった。

竹千代は同十八年、今川の下に再送されることになったため、織田家に囲われていたのは二年の短い期間ではあったが、この二大英雄が幼少の一時期をともにしたであろうことは、両者のその後の長きにわたる同盟の心情的な基礎をなしたと言いうるかも知れない。

婚姻

天文十五年（一五四六）、信長は古渡城で元服して織田上総介信長と称する。同十七年、かねてから父信秀が敵対していた美濃国の戦国大名・斎藤道三との間で和睦が成立すると、和平の証として道三の娘と信長は結婚することとなる。こうして信長と道三とは婿―舅という関係となった。

この当時の武士の社会において舅―婿という関係は、実の父子関係よりも絆の強いものと言われ、舅は婿に対する強い保護責任を負い、婿の側からすると舅が強力な人物であれば有力な後ろ盾を得たことを意味する。信長にとって、こののち家督継承をスムーズに進めるにあたって、極めて良好な環境が整えられたことを意味していた。斎藤道三にしても、織田家の次期当主を婿として抱えることは、自己の勢力拡大にとって有利であることは言うまでもないことであった。

家督相続をめぐる対立

天文二十一年（一五五二）、父信秀が没したことから織田家は信長が継ぐこととなるが、葬儀の席で父の位牌に向かって抹香をわしづかみにして投げかけるといった振舞いをするなど、とかく奇行の絶えない信長の家督継承をめぐっては家中においてもこれを危惧する声が満ちていた。信長には同母弟の信勝（信行）があり聡明をもって知られていたことから、織田家中においては信長を廃して、信勝の家督継承を望む声が小さくなかった。

このような険悪な情勢の中で、信長の傅役《もりやく》（教育係）であった平手政秀が自害した。これは、奇行の改まらない信長を諌めるための諌死であったと言われている。信長は嘆き悲しみ、沢彦和尚を開山として政秀寺を建立し、政秀の霊を弔った。

このような折しも、信長にとっては舅であり彼の強力な後ろ盾であった美濃の斎藤道三が没した。弘治二年(一五五六)四月のことである。斎藤家では道三が子の義龍との間で父子対立の内紛を引きおこしており、ついに両者は長良川の地で合戦におよび、道三はこの戦いで落命するに至った。信長は舅である道三救援のため、木曽川を越え美濃の大浦まで出陣したけれども、道三がすでに敗死したことを知って撤退した。

斎藤道三という強力な後盾を失った信長に対して、かねてからその大名主君としての資質に不安を抱いていた織田家重臣の林秀貞・柴田勝家らは、信長を廃して同母弟の信勝を擁立しようとした。道三死後の弘治二年八月、信勝派は挙兵して信長と戦うが、信長側にも森可成・佐久間盛重・佐久間信盛らが味方することによって敗北に終わった(3)。

信勝は末盛城に籠もって信長の軍に囲まれたが、生母・土田御前の取りなしによって命を助けられ、柴田勝家と林秀貞もまた赦免された。

しかし、翌三年に信勝は再び反信長的行動をとった。このときは、先の事件で助命された柴田勝家がこれを信長に通報し、信長は病と称して信勝を清洲城に誘い出し殺害した。自らの手で討ち取ったとも、家臣の河尻秀隆らに命じたともされている。

尾張の統一

天文二十一年（一五五二）八月、尾張国内では、信長は主家である尾張国守護代の織田大和守家と敵対し、戦闘状態となる。信秀の死とその後の織田家の内紛を見越して、守護代織田家の側が実権回復を策したものであろう。しかし同二十三年、信長は攻勢に出て守護代家の主城である清州城を奪取し、尾張国下四郡を支配した織田大和守家は滅亡した。

さらに信長は、尾張国上四郡（丹羽郡・葉栗郡・中島郡・春日井郡）を支配していた、同じく守護代で岩倉城主である織田伊勢守家の織田信賢を破ってこれをも追放した。こうして信長は、永禄二年（一五五九）までには尾張国の支配権を確立するに至った(4)。

桶狭間の戦い

尾張国統一を果たした、翌・永禄三年（一五六〇）五月、今川義元が尾張国へ侵攻する。駿河国・遠江国・三河国を支配する義元の軍勢は、二万人とも四万人とも号する大軍であった。

今川家は足利将軍家の有力な一門家の一つであり、駿河国の守護職を有していたが、次第に国内の武士を自己の被官として組織して駿河国の戦国大名へと成長していった。さらには隣国の遠江・三河国へも武力侵攻してこれらを自己の領国に編入し、東海道随一を誇る大勢力となっていた。

今川領国の周辺を見渡したとき、伊豆・箱根より東には関八州を支配する北条があり、北には甲斐国の武田が盤踞していた。今川はこれら強大な戦国大名とは同盟を結び、相互に不可侵の約をなしていた(甲相駿三国同盟)。

このような状況から。今川が版図を拡大しようと思えば西に進むほかはなく、三河の隣国である尾張国を併呑しようとするのは不可避的な趨勢でもあった。そしていま尾張国が信長の下克上的行動によって守護代家を放逐するという内紛状況にあることも、今川義元の目には尾張制圧の好機と映っていたかも知れない。さらには信長側であるが、尾張一国の制圧を進めようとしている信長にとって、すでに今川の勢力が進出してきている知多半島方面への手当は不可避であった。この方面の今川方の拠点として鳴海城や大高城があった。そこで信長はこの両城を奪取すべく、鳴海城に対しては丹下・善照寺・中島の三砦、大高城に対しては丸根・鷲津の両砦を付城として築いて攻勢を強めた(5)。

そこで鳴海、大高の両城からは義元に救援が要請され。特に大高城からは兵粮の欠乏を訴える報せが寄せられていた。

今川義元の出陣の意図は、よく言われる京への進軍ではなく、このような織田側からの攻勢に対する反撃という側面も見られた。あくまでも織田勢力を制圧して、東海地方の全域を

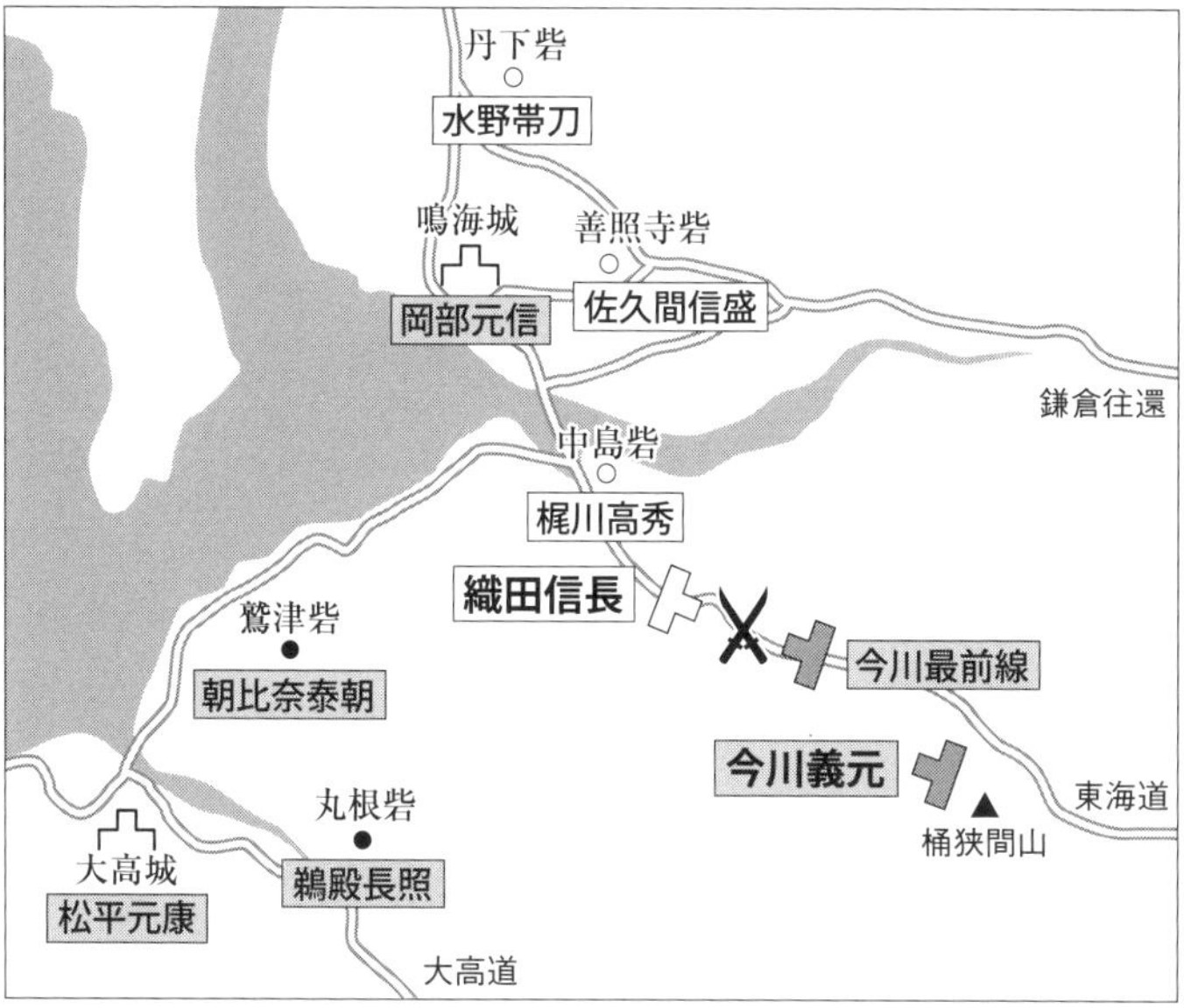

「桶狭間の戦い」要図

掌握することによって、今川の支配体制を盤石たらしめるところにあったのであろう。

織田軍はこれに対して総兵力は五千にすぎず、今川軍は、三河国岡崎の領主である松平元康（後の徳川家康）率いる三河勢を先鋒にして、織田軍の城砦を次々と攻略していった。この折に、元康の松平隊の役割として知られているのが大高城への兵粮入れであり、織田方の丸根・鷲津両砦からの攻撃をかいくぐって兵粮入れに成功したことは、若き家康の武勲のひとつに数え上げられている。今川方は、このの ち丸根・鷲津両砦を攻略している。

信長は清州城にあって事態の推移を静かに見守っていたが、同年五月十九日昼過ぎ、突如号令を発して配下に出撃を命じた。この時、信長が幸若舞の『敦盛』をひとさし舞って出陣に臨んだというのは有名なエピソードである。

「人間五十年、下天《げてん》のうちを較ぶれば夢まぼろしの如くなり、ひとたび生を得て、滅せぬもののあるべきか」。誠にこの時の信長の心境を語るにふさわしい曲であり、舞であった。

このいかにも劇的な場面は、後注（1）に掲げた太田牛一の『信長公記』に記されている。太田は同書について、作り事や嘘はいっさい載せていないと明言しており、実際、同書の記述が史実に合致して正確であることは、これまでの研究において確証もされている。それ故に、この『敦盛』の舞のエピソードも信ずるに足るであろう。

出陣した信長はまず熱田神宮に参拝し、それから善照寺砦に赴き、ここに四千の兵を集結させて攻撃の態勢を整えた。そして桶狭間の地において、今川義元のいる本隊に狙いを定めて正面から強襲をかける。折から降り始めた地面をたたきつけるような豪雨にも助けられて、前線を撃破して敵本営に迫り、今川軍が大混乱に陥っている中で敵将義元を討ち取った。義元に一番槍をつけたのは信長の馬廻りの服部小平太一忠であったが、義元の反撃によって膝を斬られて屈し、それに続いた同じく信長の馬廻り毛利新介良勝が義元を討ち取って、その首級を奪う。

総大将を討たれた今川軍は、戦う術を失って総崩れの状態となり、本国駿河国へと敗走していった。桶狭間の戦いは、信長の武将としての名声を高めるとともに、駿河の太守として東海道筋に君臨してきた今川の勢力を急速に衰えさせることとなる。

そしていま一つ重要なことには、長らく今川家の支配を受けてきた三河国の徳川家康（この頃、松平元康より改名）[6]が独立の領主として活動することとなり、さらに信長と同盟を組むことによって東海道方面の政治地図を大きく塗り替えていくことになる。

美濃攻略

斎藤道三亡き後、信長と斎藤氏との関係は険悪な状態にあった。桶狭間の戦いと前後して両者の攻防は一進一退の様相を呈していた。しかし、永禄四年（一五六一）に斎藤義龍が急死し、嫡男・斎藤龍興が後を継ぐと、斎藤家は家中で分裂が始まる。対斎藤戦で優位に立った信長は、永禄七年（一五六四）には北近江の浅井長政と同盟を結び、斎藤への牽制を強化している。信長が妹・お市を浅井長政の下へ輿入れさせたのは、この時のことである。

永禄九年（一五六六）には美濃国の多くの諸城を戦いと調略によって手に入れ、さらに西美濃三人衆（稲葉良通、氏家直元、安藤守就）などを味方につけた。翌十年（一五六七）、信長は稲葉山城に攻勢をかけ、斎藤龍興を伊勢長島へと敗走させ、念願の美濃国をようやくにして手中に収めた。

こうして尾張・美濃の二カ国を領する大名となった信長は、稲葉山麓の城下町であった井ノ口の地名を岐阜と改称している。岐阜とは、中国古代の周王朝を開く基をなした土地である岐山と、孔子生誕の地である曲阜とを合わせた名称と言われている。また「天下布武」という印文をもった朱印を用いるようになるのもこの頃からのことで、これらはいずれも天下獲りに乗り出そうとする信長の気概を示すものであった。

二、上洛から将軍義昭の追放まで

上洛

この頃、中央では足利将軍家の権威は地に堕ち、社会の秩序は乱れて下剋上の嵐が吹き荒れていた。将軍は管領細川たちの意のままであり、細川もまたその被官である阿波国の領主三好長慶に実権を奪われ、三好の家はさらにその被官である三好三人衆（三好長逸・三好政康・岩成友通）や松永久秀といった有力者たちによって支配される、といったありさまであった。(7)

永禄八年（一五六五）、京ならびに畿内を支配していた三好三人衆や松永久秀は、足利将軍家の権威回復に努めていた第十三代将軍足利義輝と対立を深めていき、ついに三好らの軍勢は白昼、室町御所を囲んで乱入し、将軍義輝を攻め殺してしまうという異常事態に陥っていた。義輝は剣豪塚原卜伝から鹿島新当流の奥伝を授けられたほどの剣術の使い手として知られており、寄せ手の兵士を相次いで斬り伏せたが、遂に力尽きてその場で討ち取られた。

足利義昭像
（東京大学史料編纂所 所蔵模写）

細川幽斎（藤孝）像
（東京大学史料編纂所 所蔵模写）

　三好勢力は第十四代将軍として義輝の従弟にあたる足利義栄を傀儡として擁立した。これを永禄の変という。

　久秀らはさらに、義輝の弟で奈良の興福寺の一乗院門跡であった覚慶（のちの足利義昭）の暗殺にも向かったが、義昭は幕府の奉公衆であった細川藤孝や和田惟政らの助けによって一乗院から脱出して伊賀国に逃れた。それより若狭国に赴いて同国守護の武田氏を頼り、そののち越前国に移って朝倉義景のもとに身を寄せた[8]。彼はこの頃、還俗して義秋と名乗り、のち義昭に改めた。

義昭ら主従は、朝倉義景に上洛して三好勢力を駆逐することを求めたが、義景はまったく消極的で応ずる気配がなかった。そこでその頃、駿河の大守今川義元を打ち破って武名をとどろかせていた尾張の織田信長に接近し、足利義昭の京都帰還を要請するという気運が高まりつつあった。この流れを作ったのは、義昭の近臣であった細川藤孝と、その頃、朝倉義景の下にあった明智光秀の両名であったとする記述もある(9)。

朝倉義景像
(東京大学史料編纂所 所蔵模写)

かねて天下に号令することを期していた信長にとって、義昭サイドからもたらされた上洛支援の要請は願ってもない好機到来としてこれを受諾し、永禄十一年(一五六八)九月、信長は足利義昭を奉戴して上洛の緒についた。途中、南近江を支配する観音寺城の城主六角義賢などの抵抗を受けながらも、これらを制圧しつつ入京を果たした。北近江を支配する小谷城の浅井長政が、既述のとおり同盟者となっていたことは、この上洛作戦を側面から支援してくれたという意味で信長にとって幸いであった。

信長が上洛すると、三好三人衆の体制も腰砕けの状態となり、機を見るに敏な松永久秀などは、いち早く信長の下に出頭して帰服の態度を示した。このようにして、京都と畿内地域を支配してきた三好一党の勢力は駆逐され、それを踏まえて足利義昭の第十五代将軍就任の儀式がとどこおりなく執り行われた。

朝廷からの要請

ところでこの信長の上洛であるが、実はこの時、いま一つ別の目的があった。それは他ならぬ京都の朝廷筋から信長に対してなされた援助要請に応えるという課題であった。[10] 当時、京都の朝廷は衰微の極にあり、天皇の即位のための費用にも事欠くありさまで、天皇御所も久しく修築がなされていなかった。老朽化がはなはだしく、日常の居所も雨漏りなどに悩まされるといった状態であった。

そこで信長に対して、時の正親町天皇から御所の修復が要請されていた。信長に対して朝廷からこのような要請があった背景として、信長の父信秀がかねてより天皇御所の修復料を献金していたという事情があったようである。[11]

信長は上洛して三好・松永の勢力を駆逐し、足利義昭を第十五代将軍に就けて室町幕府の問題に一区切りをつけると、この天皇御所の修復事業に着手する。この時は信長とて財力には余裕がなかったことから、御所修復の費用は伝統的な方式に則って、京中の町屋に対して軒割りの課税を賦課することで調達した。もっとも一口に軒割り賦課と言っても、それを執行するだけの政治力や軍事力の裏付けがなければ意味がない。そして信長にはそのような力が備わっていたということである。

信長は入洛した翌年五月から天皇御所の門外に瓦小屋を設けて瓦の製作に着手し、翌永禄十三年（一五七〇）二月に御所の作事始めを行う。そして工事は紫宸殿から始めて各殿舎・廊・門を順次修復するという形で進められ、五年の歳月をかけて天正三年（一五七五）四月に工事をすべて完了させている。

こうして足利義昭を第十五代将軍として擁立し畿内を平定した信長であったが、中央政治の要職に就くことは避けている。義昭からは管領代や副将軍の地位を提示されたが、いずれも辞退し和泉一国の恩賞だけを請けて尾張へ帰国してしまった(12)。

永禄十二年（一五六九）一月、信長が美濃国に戻っている隙を突いて、三好三人衆の勢力が足利義昭を、その御所である六条本圀寺に囲んで攻撃した。しかし、信長は豪雪の中を僅か二日という短時日で京都に駆けつけ敵を撃退した。もっとも、そのとき在京して義昭の護衛に当たっていた明智光秀らが奮戦したことにより、三好勢力は攻めあぐねて事実上すでに敗退の形勢でもあったのであるが。

義昭と信長との不和――反信長戦線

信長と足利義昭との関係は、当初からしっくりしていなかった。義昭が十五代将軍に擁立された頃までは、当然のことながら義昭の信長に対する気の遣い様もひとかたならず、信長の事を「父」とまで呼んでいたほどであった。

しかしながら義昭の征夷大将軍としての地位も安定していくに従って、そして他方では信長が幕府の役職に就くことなく、それ故に自由気ままに見える行動をとり続けるに従って、両者の間には次第に亀裂が生じつつあった。

殊に信長は、特定の役職に就くことなく自由な立場で、新しい政権において政務の全般を自ら差配する態度で臨んでおり、自己の家来たちを通して庶政を処理するように申し渡していた。しかし他方、義昭の周辺では義昭に直に接して、義昭の一存で事を処置していくということが日常的に見られた。

これに業を煮やした信長は、文書をもって義昭に「意見」として以下の事柄を申し入れた[13]（現代語訳で掲げる）。元亀元年（一五七〇）正月のことである。これは義昭の側近として勤めている明智光秀に宛てられており、もう一人、当時の政界に影響力を有していた日蓮宗僧の日乗上人（朝山日乗）が宛所となっている。日乗は中立的立場にあったので、この条書履行の証人として指名されたのであろう。

条々

第一条　義昭が諸国に御内書（将軍の命令書）を以て命令する事情の生じた場合は、信長に示達されたうえで、信長がその副状《そえ》を出して命令を執行するようにする。

第二条　従来の義昭の下知はすべて破棄し、改めて熟考されたうえで定めおかれるべきこと。

第三条　将軍義昭に対して忠節の者に恩賞・褒美を与えたいと思っても、与えるべき領地がない場合は、信長の領有する領地からでも義昭の意向次第で与える。

第四条　天下のことは何事も信長に委任されている以上は（「天下の儀、何様にも信長に任置かるゝの上は」）、何人も義昭の命令を得ようとする必要はない。信長の判断（「分別次第に」）で処置をなすこと。

第五条　天下は平和になったのであるから、朝廷のことについて常に怠りなく奉仕すべきこと。

見られるとおり、信長は世上の統治は総て自己に委任されているという点を強調し、従って将軍義昭の判断や命令は必要でなく、これまで義昭が発してきた命令はいったん全て破棄すべきこと、等々が明記されている。

こうして信長と義昭、両者の疎隔は深まっていき、やがて義昭は反信長包囲戦線の主導者として暗躍することとなる。

越前攻めと金ヶ崎の退却陣

元亀元年（一五七〇）四月、信長は度重なる上洛命令にもかかわらず、これを無視する越前国の朝倉義景を討伐することを決意する。[14] 一時は朝倉義景の庇護の下にあった将軍義昭は、信長に歎願して越前攻めを中止することを求めたが、信長はこれを聞かぬ形で越前侵攻を実施に移した。

盟友徳川家康とともに越前侵攻に乗り出した信長であったが、越前国境の金ヶ崎を制圧して木の芽峠にさしかかった時、背後にある信長と同盟関係を取り結んでいた浅井長政が朝倉に呼応する形で兵を挙げた。この背反は浅井長政の意思によるというよりも、その父である久政の意向によるものであり、長年にわたる浅井と朝倉との義理合いからこの挙に出たものであろう。これによって、織田・徳川軍は前後挟撃される形となった。

さて、敵に背後を突かれるということは、それだけでも甚大な損害を発生される状況に他ならないのであるが、前後挟撃というのは最悪の形であり、退路が断たれることによって自軍が包囲殲滅の危機にさらされていることを意味していた。

将軍足利義晴御内書
（国立公文書館蔵「朽木家文書」）

この時にとった信長の行動は、かの桶狭間の合戦時のそれをも凌ぐほどに機敏にして、かつ常軌を逸するものであった。浅井の裏切りを知った信長は、直ちにごくわずかの側近だけを引きつれて陣営を脱出し、間道を伝って逃避行を続けたのち、湖西の地方を領有する朽木氏の誘導の下に朽木谷の難所を越えて京へと帰還したのであった。

総大将に置き去りにされた織田・徳川軍の狼狽ぶりは察するに余りある。『信長公記』によれば、このとき木下秀吉（木下藤吉郎）が金ヶ崎城に籠もって朝倉軍の追撃を阻止し、その間に味方を撤退させたとしている。(15)もとよりその殿《しんがり》を交代で務めた池田勝正・明智光秀・徳川家康らの働きもあって、奇跡的にさしたる損害も発生させずになんとか窮地を脱することができた。

この金ヶ崎の退却陣（「金ヶ崎の退《の》き口」）を機に、将軍・足利義昭と信長の対立は抜き差しならぬものとなった。義昭は打倒信長を呼号して御内書《ごないしょ》（書状の様式をもった将軍の命令書）を諸国に発し、朝倉義景、浅井長政、甲斐の武田信玄、中国の毛利輝元、三好三人衆、さらに比叡山延暦寺、石山本願寺などの寺社勢力を糾合して「信長包囲戦線」を形勢した。

姉川の戦い

これに対して金ヶ崎の退却陣の復讐に燃える信長は、元亀元年（一五七〇）六月、近江国姉川河原において徳川家康軍とともに浅井・朝倉連合軍と決戦に及んだ。世にいう姉川の合戦である(15)。

姉川は浅井の本拠である小谷城のほど近くに位置しており、地の利は浅井・朝倉方にあったことから信長も苦戦を強いられたが、最終的にはこれを撃破した。

元亀元年（一五七〇）八月、信長は摂津国で挙兵した三好三人衆を討つべく出陣するが、石山本願寺に拠った一向宗徒が信長に敵対したことから信長も大いに難渋した。しかも、織田軍本隊が摂津国に対陣している間に態勢を立て直した浅井・朝倉などの軍勢が近江国・坂本に侵攻してきた。これに対して信長は本隊を率いて摂津国から近江国へと急速に展開したことから、浅井・朝倉連合軍は比叡山に立て籠もって抵抗した。

姉川合戦要図

比叡山焼き討ちと将軍義昭との対決

元亀二年(一五七一)九月、信長は比叡山に対して浅井・朝倉勢を匿うことなく中立を保つよう勧告を出したけれども、いっこうに応じる気配がなかった。ついに業を煮やした信長は比叡山延暦寺の焼き討ちを断行した。八世紀に最澄によって開山されてよりこの方、朝廷の手厚い保護を受け、仏教教学の総本山としての権威を長く保ってきた比叡山延暦寺も、信長の暴虐の前にはあっけなく焼亡してしまった(もっとも延暦寺はそれまで二度にわたって紛争から焼亡している。なお、同寺は豊臣・徳川の政権の下で再建がなされている)。

これより先、元亀三年九月、信長は将軍義昭との対決を鮮明にし、十七カ条からなる長文の弾劾状を義昭に対して送り付けた。その主要な箇条をあげるならば、次のとおりである。[16]

異見十七カ条

第一条　朝廷の事、第一三代将軍足利義輝は等閑に付したために悲惨な最期を遂げたことは、よくご存知のはず。それで義昭に対しても朝廷への配慮に怠りなきようにと、入京の時より申し上げておいたのに、早くも忘れて放置の状態となっているのは、不謹慎である。

第二条　諸国に御内書を出して馬やその他のものを所望している有様は如何なものか。必要があるならば、信長が御用意する旨をかねて申しているのに、一向に御聞き入れない。

第三条　諸大名に対しても、将軍に奉仕して忠義怠りない者に相応の扶持《ふち》（扶助米）を与えず、さしたる働きもない者に扶持を与えるようでは忠義も不忠も不要になってしまう。

（中略）

第十条　諸国から御礼として進上した金銀を隠して、御用にも立てないのは何故か。

第十三条　明智光秀が地子銭（地代）を収納しておいて、買物の代金を渡したところ、当該地は延暦寺領だと義昭が仰せられていたとして、その買物代金を押領したことは不法である。

第十四条　この夏に御蔵の米を放出して金銀に交換したとのこと。将軍の商売とは前代未聞なことだ。

戦乱いまだ続く時代なれば将軍の蔵に兵糧が充分に備蓄されていることは外聞の点からも不可欠である。

第十五条　宿直の若衆に扶助を与えたいのならば当座の米金などを渡せばよいものを、あるいは代官職に任じたり、また不当な訴訟を取り次がせたりするので、世間の毀誉褒貶は散々である。

第十六条　諸大名衆が武具や兵糧の用意もなく、金銀を蓄えるための商売に明け暮れているのは、牢人した場合に備えてのことと思われる。これも将軍が金銀を蓄え、不穏な噂が流れると、すぐに御所から脱出するものだから、人々も将軍は京都を捨てるつもりだと見ているようだ。

第十七条　万事について欲にふけり、理非曲直や世間の声をも無視されているという評判である。それで下層の土民・百姓にいたるまで「悪しき御所」と申している。それ嘉吉の変で殺害された暴君義教についても同様に申したと聞いている。それは特別な事例であろう。何故に人々が義昭の陰口を申すのか、これらをもって御反省なさるべきではないのか。

以上である。ここでは義昭を欲にふけって金銀をため込み、公正な振る舞いをせず、依怙贔屓の人事に明け暮れる暗君と決めつけて弾劾し、反省改心なくば将軍義教や義輝のように、悲惨な最期を遂げることになろうと警告している。

先の意見五カ条は将軍義昭に対する諫言、すなわち悪しき振る舞いを改めるようにとの諫めの文章であったが、この十七カ条はもはや諫言の書ではなく、義昭を見限るという手切れの通告となっている。信長はここに将軍義昭の打倒と追放を決意した。

武田信玄の上洛作戦

浅井・朝倉の軍が劣勢と見た足利義昭は、切り札を切るべく戦国の雄、甲斐の武田信玄に率兵上洛を要請する。これを受けて元亀三年（一五七二）十月、信玄はついに重い腰をあげて上洛の軍を起こした[17]。

武田軍の総兵力は三万。信玄はこれを三つに分けて、山県昌景率いる五千、秋山虎繁の率いる五千、そして信玄の率いる本隊二万とし、三方向から徳川・織田領内へ攻め入った。但し山県隊と秋山隊とは行動を共にしていたようである。

九月二十九日、山県隊は信州伊奈方面から東三河に侵攻し、この方面の重要な徳川支城である長篠城を制圧した後、遠江国に向けて兵を進めた。

武田信玄率いる本隊二万余は十月三日、甲府より出陣し駿河国を経由して徳川領国である遠江国に侵攻した。そして要衝である高天神城を攻略したが、そのまま家康の主城である浜松へは向かわず、見付から北上して二俣城の攻略を目指して進み、別動隊の山県・秋山隊ともこの方面で合流した[18]。

十月十四日、二俣城を支援する家康は、武田軍の動きを探る目的をもって威力偵察に出たところ武田軍本隊と遭遇し、一言坂の地で交戦におよんだ。この戦いで徳川方は敗退を余儀なくされ、二俣城は孤立無援となって開城・降伏した。

この危急の情勢に対して信長は、佐久間信盛・平手汎秀ら三千人の援軍を家康の下に送り、武田軍を本格的に迎え撃つ態勢をとった。しかし兵数的になお劣勢であった家康は、本拠である浜松城に立て籠もって武田軍の来襲を待ち受けることとした。

三方ヶ原の合戦図

徳川軍の敗退

ところが意外なことに、二俣城から南下してきた信玄の率いる武田軍主力は浜松城を横に見ながらもこれを素通りする形で進み、三方ヶ原台地から浜名湖方面へと展開するという形を示した。

これは当時の戦いの作法において異例のことであり、侵攻する行く手にある城は必ず落としてから進む、少なくとも攻城軍を差し向けて包囲し、城内兵力を封じ込めるというのが戦いの常道である。封じ込めの兵も送らず、城を素通りするというのはこの上もなく侮辱的な態度である。そしてこれは、状況からして徳川軍を城から誘き出すための、武田側の挑発行為であることは明らかであった。

それ故に浜松城内では自重論が唱えられたのであるが、家康はこれを空しく見送るとあっては武将として末代までの恥辱として、十二月二十二日、三方ヶ原から祝田の坂を下る武田軍を背後から攻撃することを決定して浜松城から打って出た。

同日夕刻に、家康の率いる徳川軍は三方ヶ原台地に到着したけれども、武田側はもとより徳川軍の追撃は折り込み済みのことであり、同地高所に陣を敷いて到来する徳川軍を待ち構えていた。こうして武田軍に兵力・戦術面ともに劣っていた徳川軍に勝ち目はなく、わずか二時間の戦闘で壊滅的な損害を蒙り同地から敗退する。

武田軍の死傷者が僅少であったのに対して徳川方の被害は甚大であった。鳥居四郎左衛門、成瀬藤蔵といった有力な家臣から、家康の身代わりとなった夏目吉信、鈴木久三郎ら、そして信長から援軍として派遣されていた織田軍の平手汎秀といった武将までが相次いで討ち死にした。

家康自身も敗走する中で討ち死に寸前まで追い詰められたが、身代わりを立てるなどして敵の追撃をかわしつつ、辛うじて浜松城へ帰還することを得た。浜松城へ戻った家康は、捨て身の策をとってすべての城門を開き、空城の躰をよそおって敵の到来を待ち受けた。浜松城まで追撃してきた山県昌景隊は、空城の計策に警戒心を抱き、城内に突入することなく引き上げていった。

信玄急死

元亀四年(一五七三)に入ると、武田軍は遠江国から三河国に侵攻し、三河国内の徳川支城を攻略していった。京都方面では、信玄の上洛に呼応する形で、足利義昭が三好義継・松永久秀らと共謀して挙兵し、信長を背後から脅かした。

信長は岐阜城にあって武田軍の到来を待ち構えていたのであるが、このような京都の情勢を受けて急遽、兵を率いて京都に向かった。しかし武田軍の進攻に脅かされている信長の立場は圧倒的に不利であり、義昭の挙兵には浅井・朝倉も呼応し、石山の一向一揆の勢力も連動する。さらには石山本願寺を支援する西国の雄・毛利があり、その意向を受けた村上水軍は淀川河口から遡って石山に物資補給を続けていた。

絶体絶命の状況に追い込まれた信長は、ここで勅命講和という非常手段を用いた[19]。正親町天皇の朝廷に奏請しての、天皇の命による講和という方策である。御所の修復を手掛け、また将軍義昭に対して尊王を日頃から強調していた甲斐もあって朝廷の信長に対する好意は厚く、天皇の勅諚という切り札は信長を救った。

こうして京都をはなれて信長は岐阜城に戻り、信玄の来襲を待ち受けた。その武田軍は、すでに三河国の攻略を終え、織田領国である尾張国へと歩を進めようとしていた。しかるに四月半ば、武田軍は尾張国への侵攻を目前としながら、突如その向きを転じて甲斐国へ戻っていってしまった。信玄の急死である。

信玄の死因が何であるかは、今もって判然とはしないのであるが、信長にとっては生涯最大の危機がこのようにしてあっけなく解消していった。まことに不思議な展開であったと言わざるを得ないであろう。

将軍義昭追放

信玄の死は深く秘匿されていたために、同時代の人々には信玄軍の動きは不可解なものにしか見えなかったことであろう。信玄の来援を心待ちにしていた義昭は、せっかくの信長包囲戦線を形成しながら、それが霧消することに我慢ならぬとばかりに、再度の信長討伐の旗を揚げた。

しかし信玄来襲の脅威から脱した信長にとって物の数ではなく、同年七月、信長は宇治郊外の槇島城に拠っていた足利義昭を打ち破り、京都から追放した。これをもって室町幕府(足利幕府)は名実ともに滅亡したなどと言われている。しかしながら、実質的には滅びたと言いえても、名目的な観点では足利氏の幕府はなお存続していることを見落としてはならない。すなわち義昭の征夷大将軍職はそのまま保持され、名目上の幕府はなお持続して天正十六年(一五八八)に至る。この年、豊臣秀吉が挙行した後陽成天皇の聚楽第行幸に際し、義昭が上洛して落飾出家したことで、足利幕府はようやく終焉を迎えることとなるのである[20]。

義昭は京を追われたのち、たびたび京都奪回を試みるが不首尾に終わり、その後は中国地方の雄・毛利氏の庇護下に入り、その領国である備後国鞆ノ浦に居を構えて反信長闘争を諸国の大名に呼び掛けていた。たとえ名目的であっても将軍の意命となればそれなりの権威を有しており、諸大名の側にとっては軍勢を動かす正当性を付与されることにもなったことから、その政治的影響力には侮りがたいものがあった。

先述したように、将軍の意命を伝える文書に「御内書」というものがあった。外見は書状のようであるが、私書状の形をとった公式文書である。将軍の御内書の権威は依然として有効であり、義昭はこの御内書を各地の有力武将たちに発給して、信長打倒を呼びかけ、あるいは上洛を促して信長包囲戦線に加わるべきことを要請していた。

それらのもっている政治力には侮りがたいものがあり、この後も信長を悩ます要因として働くこととなっている。それ故にも、天正元年(一五七三)に足利氏の幕府が名実ともに滅びたといったような表現を軽々に用いることは、控えなくてはならないだろう。

浅井・朝倉の滅亡

天正元年（一五七三）八月、信長は三万人の軍勢を率いて越前国に侵攻。刀根坂の戦いで朝倉軍を破り、朝倉義景は自刃して終わった。ついで九月、小谷城は孤立無援の中で陥落し、浅井久政・長政父子は自害した。長政に嫁いでいたお市と、その子のいわゆる浅井三姉妹（茶々・初・江）らは落城前に落ち延びて信長の下に引き取られた。

信長が、討ち取った朝倉義景と浅井長政の首から、金箔を施した髑髏の茶碗を作って、これで人々に酒をふるまったという話がある。これは司馬遼太郎氏の小説『国盗り物語』に描かれた有名な場面なので、印象深く読まれた読者も多いことであろう。信長の残忍で執拗な性格を表出しようとしたものであるが、髑髏の茶碗というのは司馬氏の創作である。

しかし髑髏の茶碗の一歩手前までのことは、実際にもやっていたようである。『信長公記』によれば、天正二年のことであるが正月元日の祝宴において、他国外様衆が退出したのち、信長の親衛隊である馬廻りの家臣だけを集めた内輪の酒宴の席で、「珍奇の御肴《さかな》」として、朝倉義景、浅井久政・同長政の三つの首から漆金箔を施した髑髏を作り、これを台に並べて大いに興じたということであった[21]。

一向一揆との対決

信長の全生涯における戦いの、実にその半分は一向一揆との対決に費やされたといっても過言ではない。信長政権の本質を理解するには、それが終生にわたる課題とした本願寺の一向一揆との対決のあり方を究明することが不可欠であることを、信長研究の第一人者である朝尾直弘氏はつとに指摘している。[22]

信長が終生の対決相手とした一向一揆とは、蓮如の精力的な布教活動の結果生まれた全国的な浄土真宗本願寺派の門徒たちによる宗教一揆であった。

浄土真宗は鎌倉時代に親鸞の開いた仏教宗派であり、平安時代の頃から盛んとなる浄土思想の仏教の流れを汲む。浄土仏教は、阿弥陀如来の誓願によって普く衆生を極楽浄土へ導く教えを説くものであるが、親鸞はさらに仏教界のタブーを破って、僧侶の身として妻帯の世俗的生活を実践しつつ、弥陀如来による救済を信仰するという立場をとった。

浄土真宗は当初は小規模な宗教集団にすぎなかった。それが大教団に発展したのは十五世紀に活動した同宗本願寺派第八世宗主の蓮如によってであった。[23]蓮如自身も精力的に浄土真宗の布教に努めたが、彼には十三人の男子があり、彼らが全国各地に支部長として派遣され、蓮如と連携して活動を展開したことから、本願寺派教団は一大仏教勢力へと発展していった。しかもこの教団は戦闘的であった。

時あたかも戦国時代のただ中にあり、戦国大名を頂点とする武士の世界の争覇も激烈であったが、農民、町民たち庶民の世界においても激動の時代を迎えていた。農村部では中世的な大家族制度が分解して単婚小家族型の世帯が主流となっていき、この新旧家族形態の間の軋轢や、水利や入会地に対する権利、相続をめぐる対立。また領主の理不尽な使役や過重年貢の賦課などに抗して、反領主の土一揆が発する事態となる。

本願寺を中心とする宗教的な戦闘集団は一向一揆と呼ばれた。一向一揆は、右のような土一揆を宗教的に構成したものである。「一向」とは「ひたすら」の意であり、一向一揆とは、ひたすらに阿弥陀如来を信仰する「南無阿弥陀仏」の六字の名号を唱えるところからその名がある。

それは浄土真宗の教義に基づいて、阿弥陀如来による来世の極楽往生を理念とする宗教的共同体をなしており、構成員は一般の農民から中小武士まで含むかなり階層的に幅をもったものであるが、共通して本願寺を主と仰ぐことから、大名領主の支配に対して頑強に抵抗した。守護の富樫氏を打倒して、加賀国をほぼ百年にわたって支配した加賀国一向一揆はその典型であった(24)。

そのような一向一揆であればこそ、武士領主として天下統一を目指す信長にとっては打倒措くべからざる宿敵であった。それは武士領主支配の根幹にかかわる問題であり、諸国の戦国大名たちとの覇権闘争とはその様相を異にしていた。

信長は天正二年七月、尾張・美濃・伊勢などの諸国から軍勢三万を動員して、中部地方における本願寺一向一揆の拠点である伊勢長島に進攻した。信長は九鬼嘉隆らの率いる伊勢・志摩の水軍をもって伊勢長島を水陸から完全に包囲し、兵糧攻めで臨んだ。一揆軍の抵抗にはなお激しいものがあったが、八月に入ると深刻な兵糧不足に陥り、さらに織田軍の猛攻により大鳥居城が落城して一揆勢千人余が討ち取られるなど、次第に戦況は織田軍有利に傾いていった。

九月二十九日、兵糧に欠乏した長島城の門徒は降伏し、船で大坂方面に退去することを和議の条件とし、信長もこれを了承した旨を伝えた。しかし自己に反抗した敵を信長が見逃しにするはずもなく、船で移動する門徒に対して鉄砲隊による一斉射撃を浴びせ掛け、総攻撃を命じた。この攻撃によって一揆勢二万人が討ち取られたと言われている[25]。

長篠の合戦

天正三年（一五七五）五月、史上名高い長篠の合戦が行われた。この戦いの経緯は以下のとおりである。

すなわち、奥三河作手《つくで》の領主奥平貞昌はもと武田の被官としてあったが、信玄没後の武田家の行く末に見切りをつけて、徳川家康の陣営に参じた。この動きの背景には、家康と、そして信長の強い働きかけがあったようである。貞昌は戦後、家康の女子亀姫を妻にもらい受けるとともに、信長の諱の一字をたまわり信昌と名乗っている。

奥平の裏切りを怒った武田勝頼は一万五千の大軍を率いて、奥平の立て籠もる長篠城の攻略に向かった。しかし奥平勢の善戦により武田軍は長篠城攻略に手間取る。

このとき救援のために徳川軍との連絡にあたっていた奥平の家臣鳥居強右衛門《すね》は、帰還の途中で武田軍に囚われの身となった。武田方は鳥居に対して、「救援軍の望みは無い」旨を城内に伝えるならば命は助けると言った。鳥居は承知したと答えたうえで、さて長篠城内に対して大音声をもって「徳川軍の救援は間近ぞ、城を持ちこたえよ」と叫んだのであった。

鳥居は処刑されたけれども、この鳥居の鼓舞の一言をもって城内は奮い立ち、結句、武田方は長篠城を陥すことができないままに徳川・織田連合軍の来襲を待ち受けねばならなくなり、武田方大敗の因をなすこととなった。

織田信長は五月十二日に三万人の大軍を率いて岐阜から出陣し、同十七日に三河国の野田で徳川軍八千人と合流する。三万八千人に増大した織田・徳川連合軍は翌十八日、長篠城の西南方面に広がる設楽《しだら》ヶ原に陣を敷いた。そして五月二十一日、織田・徳川連合軍と武田軍との全面対決の戦いが始まる[26]。

長篠の合戦は信長の政権構想にとって、また本書の主題である本能寺の変にとって重要な意味をもつ事件であり、後に一章を設けて詳しく論じたく思っている。

越前一向一揆

朝倉義景が滅亡したのち、越前国は信長の被官である桂田長俊が同国の守護代として、その支配をまかされていた。これに対して、同地の本願寺門徒たちは蜂起して桂田を殺害するとともに支配権まで奪取してしまい、越前国を一揆の持ちたる国とした。天正二年（一五七四）二月のことであった。そして石山本願寺顕如（光佐）の命令で守護代として下間頼照が派遣されて、同国を統治した[27]。

顕如像
（和歌山県立博物館所蔵）

これを鎮圧すべく信長は、長篠の合戦が終わったのちの同年八月、大軍をもって越前国に侵攻した。これに対し、下間の政治指導をめぐってすでに分裂状態にあった一揆勢は協力して迎撃することができず、下間頼照をはじめ越前国・加賀国の門徒が織田軍によって討伐された。越前北ノ庄には二万におよぶ死骸が散乱し、街に人影が見えなかったと言われている。

こうして越前国は再び織田領となった。このとき信長は柴田勝家に越前八郡をその領地として与えるとともに、越前国の「一職支配」権も授与して、同国に対する包括的な支配権をも付与している。これは柴田の領地だけでなく越前国内の全領土に対する支配権、また同国内のすべての武士領主に対する統率権を委ねるものである。中世の鎌倉・室町幕府で設けられた守護の一国支配権に近い権限と見なされており、信長政権下における占領地域支配に広く用いられている。(28)

伊勢攻略

伊勢国に対する信長の征服作戦は他とは大きく異なっていた。武力征服ではなくて、養子や名跡相続を名目とした一種の乗っ取り作戦である。(29) 永禄十一年(一五六八)、信長はまず北伊勢の神戸《かんべ》具盛《とももり》と講和し、三男の織田信孝を神戸氏の養子として送り込んだ。ついで国司家の流れをくむ北畠具教《とものり》の次男・長野具藤を追放し、弟の織田信包《のぶかね》を長野家当主とした。

さらに翌十二年八月、滝川一益の調略によって具教の実弟・木造具政が信長側に転じると、信長は岐阜を出陣して南伊勢に侵攻し、北畠家の大河内城を包囲した。一カ月余におよぶ籠城戦ののち、北畠具教は和議に応じ、信長次男の信雄を北畠家の養子として迎えるという条件でいったん鉾は収められた。しかし、のちに北畠具教は幽閉され、信雄によって殺害されている。

三、安土城築城から武田討伐まで

安土城建設

天正四年(一五七六)一月、信長自身の指揮のもと琵琶湖湖岸の安土山の山頂に新しい城の築造が始められた。この信長の個性と彼の政治理念を表現することにもなる安土城は、天正七年(一五七九)に外観五重内部七層の豪華絢爛な天守を聳え立たせて完成した(30)。

安土城天守がどのようなものであったかについては謎の部分が多いけれど、建築史家の内藤昌氏による復元プランでは内部は総吹き抜けという大胆な構造を有していたという。ヨーロッパのキリスト教会によく見る大聖堂カテドラルの造りを連想させるものがあり、新しい外来文化であるキリシタン文化やそのファッションにかなり傾倒していた信長であれば、このような奇想天外な建築物を志向したであろうということも了解できるというものである。

奇想天外と言えば、その形だけでなく、この天守の使われ方にもそれが示されている。安土城天守はその内部が居室造りとなっていて、多層階からなる楼観として壮大な居住空間を構成していた。それであればこそ、天守の内部は総漆塗りの柱や欄干、そして金箔が散りばめられた豪華な意匠の壁画や襖絵に取り囲まれるといった華麗さをほこっており、イエズス会の宣教師が「このような豪華な城は欧州にも存在しない[31]」と母国に驚嘆の手紙を送っている程であった。

その意味で、安土城は異例であり、特別な城と言うべきであろう。この安土城の特異性についてては後続の章で詳述したい。

石山本願寺の戦い

前述のとおり、本願寺を中心とする一向一揆は、浄土真宗の教義に基づいて阿弥陀如来による来世の極楽往生を理念とする宗教的共同体をなしており、武士領主による支配を排除して頑強に抵抗した。そして大坂の石山本願寺はそれら全国に存在する同宗寺院の総本山であり、一向一揆の中枢であった。信長にとっては、その総力を挙げて攻略しなければならない相手であった。

石山本願寺は、本願寺派八世宗主・蓮如の建立によるもので、天文元年（一五三二）、山科にあった本願寺が焼き討ちされたことによって、後に大坂と呼ばれることになる摂津国石山の地に新たに本願寺の総本山が設けられた(32)。

石山本願寺の地は大坂上町台地の北端にあり、北は淀川と大和川という両大河の合流点をなし、東は河内国（現、東大阪市）の名が示すとおり、その昔に河内湾であった名残りをただよわせる湖沼地帯、西は大阪湾に連なる入江であり、淀川の支流が毛細血管のように入り乱れた河川乱流地帯であった。現在の大阪のイメージからは想像もできないことであるが、陸地というのは上町台地（現・大阪城から四天王寺方面に細長く伸びたエリア）だけであり、その周囲は大河川とその支流が幾重にも乱流状態をなしており、いたるところに湖沼が広がるような水を満々とたたえた景観が広がっていた。

同地は南方にかけて台地が長く続き、しかもこの南方が盛り上がりを見せるような地形をなしていることから、この方面にだけ水堀が設けられないという弱点を有するが、それを除くならば要塞を築くにふさわしい地理条件を備えており難攻不落の趣があった。現に信長はその攻略に難渋し、それを目のあたりにした秀吉はのち同地に自己の大坂城を築造することになるのである。

石山本願寺との対決はすでに元亀元年の、足利義昭の主導によって結成された反信長戦線に本願寺が参加したときに始まる。いったんは浅井・朝倉の滅亡、武田信玄の急死などに

石山合戦絵伝（成宗寺所蔵、大阪歴史博物館寄託）

よって反信長戦線は崩れたかに見えたが、天正四年（一五七六）に入って石山本願寺は再び挙兵して、信長と対峙するにいたった。

織田軍は重臣の佐久間信盛を大将として石山本願寺を攻撃したけれども、石山の地を取り巻く自然の要害の前にはなす術もなく、力攻めは無理と判断して、これを水陸から包囲して兵糧攻めで臨むこととした。しかし石山本願寺には背後から これを支援する西国の毛利があり、その配下の村上水軍が大坂湾口から淀川支流の木津川などを伝って同寺に対して武器・弾薬・兵粮を継続的に補給しており、これがために本願寺の一向一揆の勢力には衰えが見られなかった。

　そこで織田方は水軍を動員して大坂湾に注ぐ木津川口の封鎖作戦を展開したのであるが、同年七月、石山本願寺の救援のために現れた村上水軍八百隻と激しい海戦をくりひろげたのち、織田方の水軍は敗れ去り封鎖作戦は失敗に終わった（第一次木津川合戦）[33]。

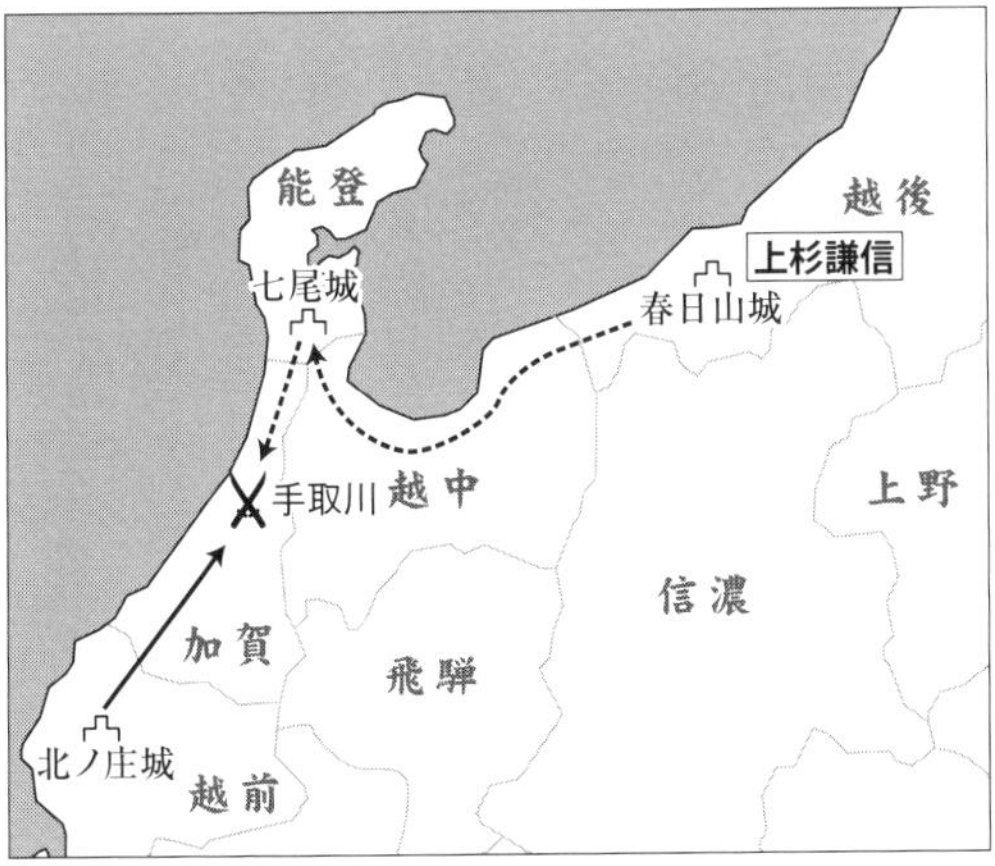

北陸戦線図

上杉謙信との対決

　信長が越前の朝倉を滅ぼして北陸方面に進出するや、越後国の上杉謙信との関係は悪化し、両者の対決は不可避の情勢となっていった。天正四年（一五七六）、謙信は信長と対立する石山本願寺と相提携し、諸勢力を糾合して信長との対決姿勢を鮮明にした。すなわち、謙信を盟主とする形で、西国の毛利輝元、石山本願寺、丹波の波多野秀治、紀州雑賀衆などが反信長の連合戦線を形成した[34]。

そしてこの反信長戦線の形成の背後には、今は毛利の庇護の下に、備後の鞆の浦に居を構える足利義昭の存在があることを忘れてはならないだろう。

これはかつて元亀年間に浅井・朝倉らによって結成された反信長包囲戦線の再版というべきものであった。そして、元亀の第一次包囲戦線の要の地位にいたのが武田信玄であったのなら、この第二次戦線におけるそれが上杉謙信であるというのも興味深いことであった。信長は、この戦国時代を代表する二大英雄との対決を、宿命的な形で二度にわたって迎えることになる。

加賀国手取川の戦い

天正五年（一五七七）になると、信長から越前国の支配を委ねられている柴田勝家が、配下の将士を率いて北陸方面の制圧作戦に乗り出した。織田方は緒戦の段階で能登国の七尾城を手に入れたことにより進軍が容易になり、柴田勝家の率いる本隊も加賀国の手取川（現、金沢付近）を越えてさらに前進しようとしていた。

これに対して春日山城にあった上杉謙信は軍勢を率いて出陣し、能登の七尾城を囲んだ。そして力戦のすえにこれを陥落させ、織田方の進出の出鼻をくじいた。七尾城陥落の報が柴田勝家の下に届けられると、この重要な拠点を失ったまま前進をつづけることは危険と判断され、柴田は進軍を停止して手取川の対岸側まで自軍を引き戻すことを指令した。織田軍がこの撤退作戦を行っているさなかの九月二十三日夜半、七尾城を落として勢いに乗る上杉軍が織田軍を急襲した。不意をつかれた織田軍は大混乱に陥り、甲冑を帯したまま手取川に飛び込むなどしたことから夥しい数の溺死者を出すこととなり、算を乱してひたすら敗走するしかなかった[35]。

かくて謙信は一呼吸をおいたのち再び進軍を開始し、手取川を越えるのみならず加賀から越前国へと軍を進め、兵を北の庄の郊外まで派遣をして、周辺一帯の焼き払いの示威行動を展開した。そして織田方の反撃行動が見られないことを確認して撤兵し、十月には春日山城に帰還している。なお、この時に謙信が加賀のみならず越前まで進出して敵を制したことについては、謙信の書状に「能・越・賀存分之侭に申付け、越前も過半、手に属し候[36]」と記されていることから間違いないであろう。

そして天正六年(一五七八)、上杉と織田の両者にとって二度目の、そしてより本格的な対決の時が訪れようとしていた。謙信は年が開けるや越後全域に対して軍勢催促を行い、春日山城へは陸続として大軍が集結しつつあった。

この軍勢催促は、関東の北条との戦いのためとされている[37]。しかしながら、前年の手取川の戦い以来の流れといい、また備後国鞆にある足利義昭からも信長討伐の命を受けていること[38]、さらに謙信自身も手取川の勝利ののち、「此の分に候はば、向後天下までの仕合《しあわせ》、心安く候[39]」と述べている。

これらのことから、今進められている大軍の集結は信長との一戦を構えるための上洛作戦をおいて考えられないであろう。謙信は、この動員を関東の北条攻めのためと語っているが、陽動作戦として受け止めるべきではないであろうか。

あるいは、謙信が越後の武士領主を総動員して上洛作戦に踏み切ったとき、越後国はがら空きの状態となり北条勢力の侵攻を誘いかねない、そのための北条封じ込めの軍事作戦としての要素も考慮すべきかも知れない。常道の布陣ならば、北条勢力の越後侵攻を防衛できるだけの武将と兵員を国境に配備するところであるが、大軍を擁する信長との対決に臨む謙信としては、一人でも多くの武将を上洛作戦に加えたかったのであろう。

そこで自らが出馬して北条本隊と決戦に及ぶとする姿勢を示して、北条勢力を封じ込めるという牽制的作戦を選択したということではないであろうか。謙信自身が出馬して上杉本隊が小田原に向かう進攻作戦を取った場合、北条方が主要武将をことごとく小田原城に集めて徹底した籠城作戦をとることは、これまでの経験から知れたことであるから。

筆者は、これらの事情からして謙信の越後大動員に基づく出撃が、やはり信長討伐を目的とした上洛作戦であったと解するのが至当ではないかと考える。

今回の動員と出陣が仮に北条攻撃だけにあったにしても、上洛作戦と信長との全面対決は早晩、不可避であったろう。関東管領という地位にあった謙信にしてみれば、将軍足利義昭の意命を奉じて将軍家に仇なす信長を打倒し、将軍義昭が京都に帰還できるように環境を整えることは、その重要な職責であったことは忘れられてならないだろう。

この時点では大坂石山本願寺の一向一揆の勢力は、なお頑強に信長に抗戦していたし、さらにその背後からは中国の毛利が支援の手を差し伸べており、毛利配下の村上水軍が信長軍の大阪湾封鎖を打ち破って、石山本願寺に対する補給を続けていた。この大坂方面の激戦に手を焼いている信長軍に対して、北陸方面から上杉謙信の率いる上杉軍団がその背後に迫るというのは容易ならぬ事態であったことであろう。

そしてそれはこれまで信長に屈服していた畿内の諸勢力が、いっせいに信長に対して反抗蜂起する機縁をなした。丹波国の波多野一族、大和の松永久秀、播磨国三木の別所長治、そして信長から摂津国の「一職支配権」を付与されていた荒木村重たちが相次いで信長に対して反逆の姿勢を示した。

しかし、かつて武田信玄を上洛を目前にして死に追いやった信長の強運は、同じような形でこの危地からも彼を救った。越後の軍勢が春日山城に集結し、その全軍進発も同年三月十五日と定められたのであるが、それを目前にひかえた同月九日、謙信は突然の病に襲われて倒れた。脳卒中系の病と見なされている。それより謙信は意識を失ったまま昏睡状態に陥り、病臥すること五日目の三月十三日に不帰の人となった。享年四十九。

松永弾正の最期

大和国の松永久秀が信長を裏切り挙兵すると、信長は嫡男の織田信忠を総大将とした大軍を信貴山城に派遣し、天正五年十月に松永を討ち取った。松永は弾正の通称をもって知られた戦国の梟雄であり、表裏常ならず、裏切りを重ねて保身を計り、第十三代将軍の足利義輝には弑逆の刃を向け、また筒井順慶との東大寺の合戦においては同寺に火を放ったために大仏殿を焼亡させたといわれている。

将軍義輝を殺害したのは久秀の長男の久通であり、東大寺焼討ちの一件も久秀自身ではなく、その一族の仕業のようである。しかし将軍義輝の殺害は久秀の意向に基づいたものであろうし、久秀と筒井順慶との大和国をめぐる覇権抗争が原因で、東大寺大仏殿が焼失し、大仏の首が溶融したのは疑いないことである。

その昔、信長が足利義昭を奉じて入京してくるや、機を見るに敏な松永久秀はいち早く信長の下に帰服してきた。そのとき信長は並み居る人々に久秀を指して、「この御仁はおよそ人の出来ないことを三つも行った。一つには、主君を押し込めて主家の三好家をわがものとし、二つには、軍勢をもって将軍を弑したてまつり、三つには東大寺に火をかけて大仏の首を打ち落とした」といって笑い立てた由である。

しかし久秀は茶人・文化人としての教養を備えているという側面もあった。彼が信貴山城で敗亡したとき、その秘蔵の名器「平蜘蛛の茶釜」を抱いて火中に身を投じたということである(40)。

荒木村重の反乱

天正六年（一五七八）十月には摂津国有岡城の荒木村重が反旗をひるがえし、本願寺と連携して信長に抵抗する姿勢を鮮明にした。一方、荒木の与力であった中川清秀、高山右近らは村重には従わず信長の下に参じた。

同年九月、荒木村重が妻子も家臣も置き去りにして単身逃亡するという事態が発生し、主を失った有岡城はあっけなく落城した。取り残され捕らわれた荒木一族に対して、信長の命ずるがまま苛烈な処刑がなされたことは言うまでもないであろう。

家臣およびその妻女六百人余は尼崎近くの七松浜において、主立った者百名ほどは磔刑に処せられるとともに、残りは屋内に閉じ込められ、火をかけられて全員焼き殺された(41)。

京都に護送された村重の妻女と重臣の家族ら三六人は、大八車に縛り付けられ京都市中を引き回された後、六条河原で斬首された。さすがに、この者たちには施されなかったけれども、身代わりとしてであろう、数名の小者は車裂の惨刑に処せられている。禁裏御蔵職であり信長とも関わりの深かった立入宗継はその様子を、「かやうのおそろしきご成敗は、仏之御代より此方のはじめ也(42)」と、その回顧録に書き記している。

信長の多方面作戦

長篠の合戦で武田を撃破し、越後の雄・上杉謙信が世を去った後の天正六年頃になると、天下の情勢は信長にとって大きく有利に傾き、その豊富な財力と兵力とをもって、信長は天下統一へ向けて本格的に乗り出していく。

信長は同時多方面の作戦を推し進め、部下の武将のうち有力な者を各方面の軍事作戦を遂行する司令官として配し、前述したように、彼らには当該領国に対する支配と、配下の織田武将たちを与力として自由に差配できるような包括的な指揮権限(「一職支配権」)を与えて周辺の有力戦国大名の攻略に当たらせた。

上杉謙信の死後、お家騒動(「御館《おたて》の乱」)を経て上杉氏の家督を継いだ越後の上杉景勝に対しては柴田勝家(与力として前田利家、佐々成政ら)を、甲斐の武田勝頼に対しては嫡男・信忠(与力として河尻秀隆、森長可ら)を、丹波国の波多野秀治に対しては明智光秀(与力として細川藤孝ら）を、中国地方の毛利輝元に対しては羽柴秀吉を、そして畿内にあって頑強に抵抗を続ける石山本願寺に対しては佐久間信盛をそれぞれ総司令官として配置した。

毛利勢力との対決

武田信玄、上杉謙信の両雄が物故してそれらの脅威が去った信長にしてみれば、長きにわたって信長の活動を妨げてきた中国地方の覇者毛利氏との対決に乗り出す機が到来したことを意味した。

織田家中で毛利攻めを委ねられていたのが羽柴秀吉であった。秀吉は天正四年、信長の命を受けて播磨国に入り、同地の姫路城を拠点として毛利領国への侵攻を試みていた[43]。しかし同六年、それまで信長に帰服していた同地三木城の城主別所長治が信長に対し反旗をひるがえして毛利陣営に身を投じた。

しかし反面、それまで毛利方であった備前国の宇喜多直家がこの年の十月に信長方に帰服するという事態が生じ、この宇喜多の背反によって織田軍と毛利軍の優劣は逆転する。天正八年（一五八〇）一月、羽柴秀吉の兵粮攻めにあっていた三木城は、城主別所長治が切腹することで開城した。

信長にとって毛利攻めは、広大な毛利領国を獲得するという直接的な目的とともに、石山本願寺に対する後方支援の途を断ち切るというもう一つの重要な戦略的課題があった。

天正六年（一五七八）十一月、信長は先述の木津川口の戦いで村上水軍による火攻めの攻撃に敗退した経験から、船体を鉄板でおおう鉄甲船を採用することとした。そして建造なった鉄甲船六隻をもって木津川河口を封鎖し、村上水軍と再度の戦いを挑んで、これを撃破した。(44)これにより石山本願寺は毛利軍の援助を受けられず孤立するにいたる。

石山本願寺の講和撤退

しかしながら、それでも石山本願寺の防衛力は堅固であり、信長をもってしても攻略はむつかしく、なお一年半近くの期間、両者はにらみ合いを続けていた。

同八年四月、これまで頑強に抵抗を続けてきた石山本願寺であったが、毛利水軍による補給の途を経たれていたことから戦いの継続は困難ともなり、折から発せられた正親町天皇の講和勅命を受け入れる形で、石山から退去するに至った。

顕如は紀伊国の鷺ノ森別院に移り、石山に立てこもった門徒の大半も退去したのであったが、顕如の子の教如は、伊勢長島における騙し討ちのことなどから信長を信用ならずとして、なお一カ月余にわたって抗戦を続けた。しかしながら結局、教如も退去に応じることとなった。石山本願寺の堂宇や城郭の構えは、このときに焼亡している。(45)

こうして前後十年にわたった石山合戦は終結を見たのであるが、これまで一向一揆に対して信長は、容赦なき徹底殲滅をもって臨んできた。それ故に、一向一揆の総本山にして十年余にわたって信長に抵抗を続けながら、寺内の全員が無事に退去して終わったこの石山本願寺戦争は、信長にしてみれば生涯の不覚であり、屈辱に打ち震えんばかりの失態と言わざるを得なかったであろう。

織田家臣団の粛清

天正八年（一五八〇）八月、信長は譜代の老臣・佐久間信盛とその嫡男・佐久間信栄に対して折檻状を送り付け、知行没収の改易に処したうえで高野山へと追放した[46]。

折檻状[47]は佐久間父子を糾弾する内容で十九カ条にわたっており、佐久間父子の罪状を執拗に追及している。罪状は多岐にわたっているが、その中心は石山本願寺攻撃の総大将を任されながら、五年の間、攻撃することもなく、兵粮攻めの手だてをほどこすこともなく、ただ荏苒時を過ごして遂に勅命講和を受け入れざるをえなくなってしまった点にある。

信長を苦しめた石山の一揆勢に対して指一本出せないままに、その退去を見送らざるをえなかったことは、信長にとって無念このうえなきことであったのだろう。その怒りの鉄槌が、佐久間信盛に下された。このような無能の者がいるから、石山を落すことができなかったのだと。信盛を改易に処するに際して、信長は長文の弾劾状を自筆をもってしたため、天下にその処分を披歴したのであった。その佐久間信盛折檻状の主要部分を現代語にして掲げる。

覚

第一条　父子（佐久間信盛・信栄の親子）は石山本願寺に対して天王寺に五年間在城しながら何ら功績もあげていない。世間では不審に思っており、自分にも思い当たることがあり（「世間の不審余儀なく、我々も思ひあたり」）、言葉に表せないほどに憤りを覚えている。

（中略）

第三条　明智光秀の働きはめざましく天下に面目をほどこした（「丹波国の日向守が働き、天下の面目をほどこし候」）。次に羽柴秀吉の功労も比類ない。池田恒興は少身ながら摂津国花隈城を、時間もかけずに攻略して天下に名を知られた。これらを見て、わが身も奮起して一廉の働きをすべきであろうに、そのようなこともなかった。

第四条　柴田勝家はこれらの働きを聞いて、越前一国を領有しながら何ら手柄がなくては世間の外聞も悪かろうと思い、この春加賀へ軍を進めてこれを平定した。

（中略）

第十条　譜代の家臣に知行を加増したり、相応の与力を付けたり、新規に侍を召し抱えたりして兵力を増強しているならば、これほどの不甲斐ないありさまとはならぬものを、知行を与えてやっても全て自己の蔵入れ分に取り込んでしまい、吝嗇一辺倒の蓄えばかりにのめりこんでしまうことによって、今回、このように天下に恥をさらすこととなったことは、中国・朝鮮・南蛮まで隠れもないことである。

（中略）

第十八条　こうなればどこかの敵を平定して、汚名を濯いだ上で帰参するか、又はどこかで討死するしかないであろう事。

第十九条　親子共々頭をまるめて高野山にでも隠遁し、くり返し赦しを乞うべきではないか。

右のように数年の間さしたる手柄もなく、未練の働きの具体的な姿はこのたびの保田の件で思い当たった。そもそも天下を支配している信長に対して口ごたえをする者というのは信盛から始まったのだから、これらをもって、その償いに最後の二カ条を実行してみよ。承知しなければ二度と天下の赦免を得られることはないであろう。

天正八年八月　日

この弾劾状には信長の執拗な性格が、よく表されている。先述の足利義昭に対する十七カ条の弾劾状とも通底するものがあり、相手側の落ち度を徹底的に数え上げ、えぐり出し、どこまでも責め立てていくというやり方である。

佐久間父子は高野山に追放されたが、信長の怒りはそれでも収まらず、高野山からさらに熊野の山奥へと彼らを追いやるように命じた。彼らは熊野の山中を彷徨わされ、遂に佐久間信盛は十津川の辺りで没した。子の正勝はかろうじて生きながらえて、のち織田家に帰参を許されている。

改易の連鎖

なお、佐久間信盛の最後について、高野山から熊野の山中に追い立てられていったとする『信長公記』の記述は誤りであり、信盛は高野山で無事に余生を送ったとする見解もある。しかしこれは如何なものであろうか。『信長公記』の叙述について後掲注（1）（七九頁）に記したとおり、太田牛一は偽りや作り事は書かないと言明していることから、これを誤謬と決めつけるのは問題ではないだろうか。

次に信盛は、『多聞院日記』に天正九年八月頃に「十津川」で死去したと記されており、(48)『信長公記』の記述と整合している。信盛は高野山への追放からちょうど一年後に没している。年齢が五十五歳ということを考えるならば、これが無事な余生と言えるだろうか。

残された史料を併せて整合的にとらえるならば、信盛は天正八年八月に高野山に追放されてから一年間ほどは同地で比較的平穏に暮らしていたであろうこと。しかし追放からちょうど一年が経過した同九年八月の頃に新たな処分が下されて、高野山から熊野山中に追いやられ、程なくして同地で没したという姿が浮かんでくるのではないであろうか。

この佐久間父子の改易事件を機として、織田家臣の間に粛清の嵐が吹き荒れる。佐久間父子に次いで林秀貞や安藤守就、丹羽氏勝たちも改易の憂き目を見ることとなった。しかもその改易理由はまったく不分明というしかない。

信長にしてみれば、改易理由なども特に必要とは思われなかったのであろう。要するに、役立たずとみなされた者は改易されるという至極当然な論理だけが働いていたと言うことである。信長の性格からしてみれば、彼がこのような冷徹な考えを抱くことは特に奇異とするに足りないが、しかしこの時期に集中的に発現しているという点については注意を要する。なぜこの時期に、このような処分が相次いでいるのか、その理由をめぐっては後に詳しく検討する。

京都馬揃え

天正九年（一五八一）、信長は絶頂期にあった。全国各地には信長に敵対する勢力はなお数多く残っていたけれども、信長が恐れを抱くような武将はあらかた物故して、その視界から消えていた。信長にとって天下統一はもはや時間の問題となっており、彼の目はすでに海外制覇に向けられていたことであろう。

信長はこの年二月、京都の内裏東の馬場にて大規模な馬揃えを行った[49]。織田軍団の勢揃いにして、信長自身も加わった織田一門、家臣団による馬上行進の大々的なパレードの催しであり、織田軍団の威容を天下に示そうとする信長一流の派手な演出であった。

明智光秀像
（東京大学史料編纂所 所蔵模写）

ちなみに、この馬揃えというハレがましい行事の奉行（担当役人）を仰せつかったのが、他ならぬ明智光秀であった。信長にとっては天下統一戦争に乗り出していく節目の行事であり、織田軍団の勢威のほどを天下に誇示するという意義をになった最重要のイベントであった。その重要行事の奉行を命ぜられたということは、光秀がいかに信長の信任が厚かったかを物語っている。織田家中における随一の信任度と評しても過言ではあるまい。

信長の光秀に対する信頼度の高さは、かの佐久間信盛折檻状からも知ることができる。佐久間を無能無策と糾弾する信長が、その引き合いに列記する頼もしい家臣の第一に挙げられているのが光秀なのであった。「丹波国の日向守が働き、天下の面目をほどこし候」と。

このように信長の信頼随一とも目されていた光秀が、その二年後に京都本能寺において信長に弑逆の刃をふるうとは。

武田家の滅亡

天正三年の長篠の合戦における大敗で大打撃を受け、さらには山県昌景、馬場信春、内藤昌秀という武田四天王のうちの三人までも失い、その他、主要家臣を同合戦において亡くした武田家であったが、それでただちに滅亡することもなく、なお甲斐・信濃に勢力を張って存続していた。

信玄の遺徳、余慶によるものであろうか。武田四天王の最後の一人である春日（香坂）弾正虎綱が残って、勝頼をよく輔佐したことも忘れてはならないだろう。さらに武田家にとって幸いであったのは、隣国の強敵上杉謙信が、他者の弱みにつけこんで攻め入るような武将ではなかったということであろう。

そして謙信の死後は、こんどは上杉家の方が長期にわたる内乱(「御館《おたて》の乱」)によって武田領国へ侵攻する余裕がなかったのみならず、上杉の側から求めて勝頼の女子を、上杉景勝に配偶するという態度に出たために両家の間に同盟関係が成り立ち、越後方面からの脅威が遠のいていた。

武田にとっての今一つの脅威は関東の北条であったが、北条はこの時代は専守防衛に徹していたので、侵攻を受ける危険は少なかった。これらの事情から武田家はその命脈を保ったままに存続しえていた。

しかし畿内近国の敵対勢力をほぼ制圧して、いよいよ本格的に全国平定に乗り出そうとしている信長にとって、その最初の標的となるのが勝頼の武田家であった。天正十年(一五八二)二月、武田信玄の娘婿であった木曾義昌が勝頼から離反して信長に寝返るという事態が生じた。信長はこれを機として、武田領国への本格的侵攻の動員令を発した。駿河国の方面からは徳川家康が、木曽方面からは信長嫡男の織田信忠が、それぞれ武田領への攻略を開始した。(50)

信忠軍は、軍監・滝川一益と、信忠の譜代衆となる河尻秀隆・森長可・毛利長秀らで構成され、その兵数は十万人余に上ったと言われている。これに対して武田軍は、信濃国の滝沢要害の兵が将の下条信氏を追い出して織田軍に降伏。さらに松尾城主・小笠原信嶺、駿河国の江尻城主・穴山梅雪（信君）らも先を争うようにして織田方に降伏を申し出たことから、武田軍はなし崩し的に敗退していった。武田の旧本拠である甲府は、三月八日に信忠の軍によって占領された。

春日（香坂）虎綱はすでに天正六年（一五七八）に亡くなっていて、勝頼にとって頼みとなる有力家臣はいよいよ乏しかった。そして未完成の新府城（現、韮崎市）にあった勝頼に対しては、わずかに一門衆の小山田信茂と、信濃国人である真田昌幸の二者が、自己の居城に受け入れることを表明していた。

勝頼が選んだのは、武田家の本領である甲斐国にある小山田信茂の居城・岩殿城であった。勝頼は新府城を自焼したのち岩殿城を目指しつつ落ち延びていったのであるが、しかし、信茂は心変わりして織田信長に投降するとしたことから、勝頼の一行は行く手を塞がれる形となった。

そして後方からは滝川一益の軍勢が迫り来たって逃げ場所が無いことを悟った勝頼らは、最後の望みを託して武田家ゆかりの寺院である天目山棲雲寺に向かおうとした。しかし三月十一日、その途上の甲斐都留郡の田野の地でついに追手に捕捉されるに至り、勝頼は、嫡男の信勝とともにその地において討死した。勝頼父子の首級は京都に送られ一条大路に梟首された。

清和源氏、新羅三郎源義光の末裔として、中世以来四百年余にわたって続いた名門武田家のあまりに無惨な最期であった。

武田家滅亡後、信長は駿河国を徳川家康に分与するとともに、上野国には滝川一益、甲斐国には河尻秀隆、北信濃には森長可、南信濃には毛利長秀をそれぞれ配して、各領国の統治を委ねるとともに、関東の北条に対する備えとした。

信長は武田領国の処分を終えると、始めて見る富士山の雄大な景色を堪能しつつ帰還の途につく。しかし甲斐国から直接には戻らず、新たに家康領国となった駿河国に入り、家康の手厚いもてなしを受けつつ、この方面からの富士の景観をも存分に楽しんだ。

宿敵武田を滅ぼし、全国制覇はもはや時間の問題となった信長にとって、この富士見物はその生涯の絶頂を極めた時でもあった。信長は、己がすすめる天下統一の覇業を、眼前に広がる富士の雄大な姿に重ね合わせつつ、感興一入《ひとしお》であったのではないであろうか。

四、本能寺の変

天正十年（一五八二）までに、信長は京を中心とした畿内とその周辺を手中に収めており、武田を滅ぼしたのちは、関東の北条、東北の伊達、中国の毛利、四国の長宗我部、北陸の上杉、九州の島津などが信長の制圧対象として残った。このうち北条や伊達は信長に帰服する姿勢を示しており、そこからして信長にとって当面の敵は中国の毛利、四国の長宗我部、北陸の上杉と見なされた。

そして毛利に対しては羽柴秀吉が、長宗我部に対しては丹羽長秀の輔佐を受けた神戸信孝が、そして上杉に対しては柴田勝家がそれぞれ攻撃担当の大将として差し向けられていた。すなわち秀吉と勝家は、それぞれ毛利と上杉とに対峙している最中であった。信孝と長秀は四国渡海の準備に忙しかった。それ故に信長のまわりは一種の真空状態となっており、本能寺の変はそのような状況の下で起こった。

変の経緯

明智光秀は、武田征伐を終えた後、戦勝祝賀のために安土城を訪れた徳川家康を接待する役目を仰せつかった。先の京都馬揃えの奉行といい、今回の同盟者家康の饗応役といい、光秀は他の遠征武将たちとは違って畿内にあり、信長の側近くにあって晴れがましい行事の責任者を任されている。光秀は万事それらのことを遺漏なくこなす人物であり、その意味で信長から重宝がられていたのであろう。

ところが光秀はこの饗応役を五月十五日から務めながら、二日後の同十七日になって急に解任され、居城・坂本城に帰される。[51] 家康は同二十一日まで安土に滞在しているから、光秀が饗応役を途中解任されたことは間違いない（そののちは長谷川秀一が務めている）。饗応役の停止の理由は、備中方面で毛利と対峙している羽柴秀吉から援軍の要請があったためとされている。それはそうに違いないであろうが、しかしこの突然の饗応役の解任には腑に落ちぬものがある。

秀吉からの援軍要請といっても、一刻を争うような緊急出陣を求めるものでもない。現に光秀の出陣はそれより半月も後の六月一日のことなのであるから。それに明智家中に対する出陣準備の指示ならば、斎藤利三らの有力家臣に命じて行えばすむことであって、緊急出陣ならばともかく、光秀自身がわざわざ重要な接待役を擲《なげう》ってまで即時帰国せねばならない問題でもあるまい。

大切な同盟者の接待役を二日で交代させるというのは、家康に対しても礼を欠くことであるし、光秀にとっては面目を失する事態と言わざるをえないであろう。この家康の接待役解任をめぐって信長と光秀との間で諍いがあった旨をいくつかの史料が伝えているが、やはりそれは事実であったのであろう。

その理由が家康に供する膳の魚が腐っていたというような問題なのか、[52] それ以外の事であったのか定かではないけれど、このとき光秀が信長との間で諍いを起こして、信長から足蹴にされることがあったと伝える史料があるのは注意を引く(53)。

ともあれ、筆者はこの接待役の解任のあたりから、事変の発生にいたるモメンタムが働きはじめているのではないかと感じる。もとより本能寺の変の歴史的意義については、後述するように国家論的視座でもって、長期的観点において捉えなくてはならない問題ではあるが、この事変を局所的事件として見た場合には、やはりこの家康接待役の解任のあたりに事件の端緒を求めることができるのではないかと考える。

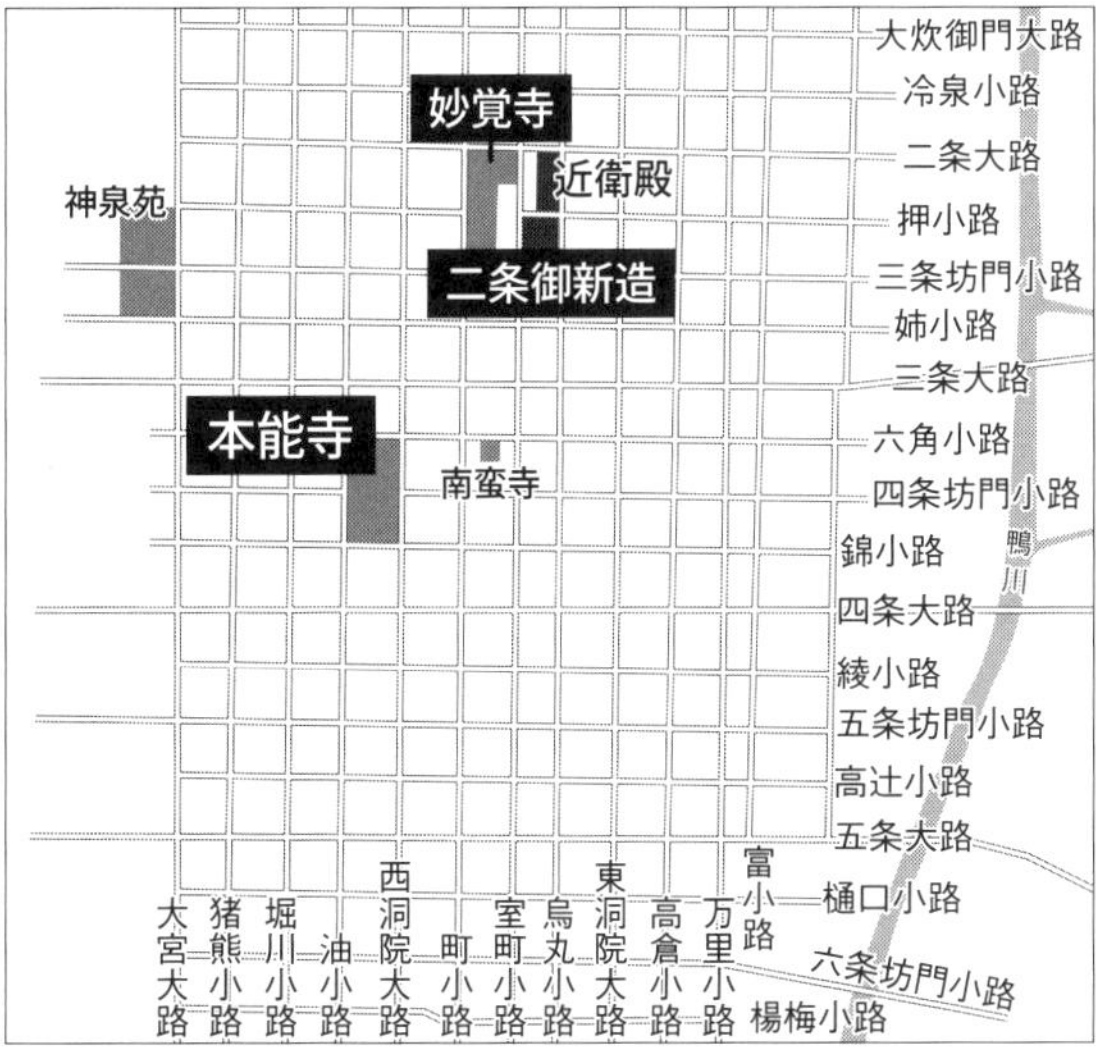

本能寺、妙覚寺、二条新御所の配置図

　一方、信長は毛利との決戦に臨むべく、同月二十九日に安土城を発ち、同日、入京して四条坊門通り西洞院（現、蛸薬師西洞院）にある本能寺を宿所とした。信長の嫡男である織田信忠も同じく上洛し、本能寺から一キロメートルほど離れた二条室町の妙覚寺に入った。

本能寺はけっして無防備な寺ではなく、天正八年（一五八〇）年二月には本堂を改築し、堀・土居・石垣・厩を新設するなど、防御面にも優れた城塞としての改造が施されていた。平成十九年（二〇〇七）に本能寺跡の発掘調査が行われたとき、本能寺の変と同時期のものと見られる大量の焼け瓦と、護岸の石垣を施した堀の遺構が見つかっている。

とはいえ、本能寺において信長の周囲にいる供侍が二、三十名に過ぎなかったということは驚くべきことである。しかもそれらは、森蘭丸のような若輩ばかりであった。他には若干の客人が泊まっているぐらいであった。信長の本来の護衛隊士である馬廻り衆の武士は、京中の各所に分散宿泊していて信長の周りにはいなかった。本能寺には、信長の身の回りの世話をする女人たちや下働きの者まで含めても百人足らずしかいなかったということである。

六月一日（五月は小の月なので翌日になる）、信長は信忠ら親しい者たちを招いて本能寺で茶会を開いた。茶会も果てて信長が床に就いたのは夜中に入ってのことであった由である。そして二日の早朝、本能寺は光秀の率いる大軍によって取り囲まれることになる。

周辺の物音に目覚めた信長は家来の喧嘩かと思い、近習に様子を探らせたところ、「本能寺はすでに軍勢に取り囲まれており、紋は桔梗（光秀の家紋）」と報告され、光秀が謀反に及んだことを知る。

信長は「是非に及ばず」[54]と一言発し、みずから弓を取って表へ出て戦った。しかし弦が切れたので、次に槍を手にして向かい来る敵を突き伏せた。しかし殺到する兵から槍傷を受けたため、それ以上の防戦を断念。信長は、女衆に逃げるよう指示したのち奥に籠もり、森蘭丸に火を放たせて自刃したと言われる。

『信長公記』によるならば、本能寺において討ち死にした信長の家臣は以下のとおり。

森乱、森力、森坊兄弟三人、小河愛平、高橋虎松、金森義入、菅屋角蔵、魚住勝七、武田喜太郎、大塚又一郎、狩野又九郎、薄田与五郎、今川孫二郎、落合小八郎、伊藤彦作、久々利亀、種田亀、山田弥太郎、飯河宮松、祖父江孫、柏原鍋兄弟、針阿弥、平尾久助、大塚孫三、湯浅甚介、小倉松寿

このうち湯浅甚介と小倉松寿の二人は寺外の町内に宿泊していたが、異変を聞きつけるやただちに本能寺に駈け入り、そこで討ち死したということである。

織田信忠の最期

妙覚寺に宿泊中の嫡男信忠は、急変の報告を受けると直ちに本能寺に向かおうとするが、同寺はすでに陥落し、炎上してしまったことを知り、そこで防御設備のより強固な近隣の二条御所に移ることとした。[55]京都所司代の村井貞勝や町中に分宿していた信長の馬廻り衆ら

織田の手勢も同所に集結し、これで明智軍を迎え討つこととした。信忠としては二条御所に立て籠もらずに、京都を脱出するという選択もありえたはずで、現に信長の弟である織田有楽長益や信包らは京を脱出して命を永らえている。

しかしそれは結果の話であって、これだけの謀叛を企てる以上は、京の出口となる各要所は光秀軍で固められていると考えるものである。父が討たれながら見苦しい逃げ方をして、しかも雑兵輩の手にかかって空しい最期を遂げたならば末代までの恥辱となろう。ならばあえて二条御所に踏みとどまり、明智軍と一戦を交えて父信長の弔い合戦を果たそうとしたということであろう。

実際、明智軍が二条御所に襲撃をかけてきたけれども、同所は本能寺のように簡単には落ちず、攻撃に手間取っている。そのうちに急変を知った信長や信忠の家臣たちが相次いで二条御所に集結してきたことから、戦いの帰趨は分からなくなってきた。

業を煮やした光秀は、二条御所の隣にあった屋敷に兵士を送り込み、その建物の屋根の上から二条御所に向けて鉄砲と弓矢を放たせた。(56) この処置が功を奏して、二条御所の織田勢は相次いで討たれていき、信忠も今はこれまでと観念して御所に火をかけて自害して果てた。

『信長公記』に載せる二条御所で信忠とともに戦って討ち死した人物は左記のとおり。

猪子兵助、福富平左衛門、野々村三十郎、篠川兵庫、下石《おろし》彦右衛門、毛利新介、赤座七郎右衛門、団平八、坂井越中、桜木伝七、逆川甚五郎、服部小藤太、小沢六郎三郎、服部六兵衛、水野九蔵、山口半四郎、塙伝三郎、斎藤新五、河野善四郎、寺田善右衛門

こうして本能寺の変は『信長公記』によれば、二条御所の制圧も含めて六月二日の辰の刻（午前八時）頃までにほぼ完了したとされている。この後の事態の推移については後続の各章においで述べたい。

注

（1）太田牛一『信長公記』（角川文庫）。同書は織田家の弓衆として信長の身近に仕えた太田牛一による信長の伝記。
太田牛一は信長の正確な伝記を著すことに熱意を傾けており、池田家本『信長記』（岡山藩池田家に伝来の同種のもの）の巻十二の奥書きには、事実をのみ記し、作り事は一切書かないと明言しており、また実際にもその記述の正確さが、これまでの研究によっても裏付けられている。
信長の経歴、事績一般については同書の他、徳富蘇峰『近世日本国民史 織田信長』（講談社学術文庫）、脇田修『織田信長』（中公新書、中央公論社、一九八七）、桐野作人『織田信長』（新人物往来社、二〇一一）、池上裕子『織田信長』（人物叢書、吉川弘文館、二〇一二）、神田千里『織田信長』（ちくま新書、筑摩書房、二〇一四）、岡本良一『織田信長のすべて』（新人物往来社、一九八〇）、日本史史料研究会編『信長研究の最前線』（洋泉社、二〇一四）、渡邊大門編『信長研究の最前線②』（洋泉社、二〇一七）などに拠る。

（2）拙著『徳川家康』（日本評伝選、ミネルヴァ書房、二〇一六）

（3）徳富蘇峰『近世日本国民史 織田信長』（講談社学術文庫）一

（4）同前

（5）谷口克広『織田信長合戦全録』（中公新書、二〇〇二）四四頁。

（6）前掲拙著『徳川家康』三九頁。

（7）天野忠幸『三好長慶』（日本評伝選、ミネルヴァ書房、二〇一四）

（8）奥野高広『足利義昭』（人物叢書、吉川弘文館、一九六〇）

（9）高柳光寿『明智光秀』（人物叢書、吉川弘文館、一九五八）五頁。『細川家記』、同書は正式には『綿考輯録』といい、熊本藩細川家で編纂された細川家の歴史を記した書（『綿考輯録 藤孝公』（『出水叢書』第一巻、汲古書院、一九七八）

（10）辻善之助「江戸時代朝幕関係」（『日本文化史』V、春秋社、一九五〇）

（11）『多聞院日記』（『増補続史料大成』第三八巻、臨川書店、一九七八）天文一二年二月十四日条。今谷明『戦国大名と天皇』（福武書店、一九九二）一六四頁。

（12）和泉国ではなく堺の代官職を得たとも。

（13）元亀元年正月二三日付、足利義昭・織田信長条書（奥野高広編『増訂織田信長文書の研究』上巻、吉川弘文館、一九八八）。本文書は信長の朱印状として発布されているが、文書冒頭「条々」の前に袖印として足利義昭の承認を示す黒印が捺されており、本文書は両者の共同意思を表す形をとっている。

（14）谷口前掲『織田信長合戦全録』八四頁。

（15）同前

（16）元亀三年九月、織田信長異見条書写［足利義昭宛］（前掲『増訂織田信長文書の研究』上巻）

（17）参謀本部編『日本戦史 三方原役』（村田書店、一九七

(18) 本多隆成『定本 徳川家康』(吉川弘文館、二〇一〇)八二頁。
(19) 藤井譲治『天皇と天下人』(『天皇の歴史』5、講談社、二〇一一)八二頁。
(20) 朝尾直弘『天下一統』(大系日本の歴史8、小学館、一九八八)一七一頁、拙稿「徳川家康の源氏改姓問題」(『日本研究』一六、一九九七)
(21) 『信長公記』巻七
(22) 朝尾直弘『将軍権力の創出』Ⅰ-二「一向一揆と織豊武士団」(岩波書店、一九九四)三頁。
(23) 本願寺史料研究所編『増補改訂本願寺史』(本願寺出版社、二〇一〇)第一巻、四二一頁。
(24) 同前、五三七頁。
(25) 参謀本部編『日本戦史 長篠役』(元眞社、一九一〇)
(26) 平山優『検証 長篠の合戦』(吉川弘文館、二〇一四)。
(27) 前掲『増補改訂本願寺史』五九七頁。
(28) 脇田修『織田政権の基礎構造』(東京大学出版会、一九七五)二八二頁。
(29) 谷口前掲『織田信長合戦全録』七〇頁。
(30) 内藤昌『復元安土城 信長の理想と黄金の天主』(選書メチエ、講談社、一九九四)
(31) ルイス・フロイス『完訳フロイス日本史』織田信長篇Ⅲ(中公文庫、二〇〇〇)第五三章
(32) 前掲『増補改訂本願寺史』五二九頁。
(33) 谷口前掲『織田信長合戦全録』一五五頁。
(34) 奥野前掲『足利義昭』二五二頁。
(35) 谷口前掲『織田信長合戦全録』一八一頁。
(36) 天正六年二月一〇日付、上杉謙信書状[宛所欠](『上越市史 別編1 上杉氏文書集一』上越市、

(37) 二〇〇三]
(38) 同前
(39) 天正五年三月二七日付、足利義昭御内書[上杉謙信宛][前掲、上杉氏文書集一]
(40) 天正五年九月一九日付、上杉謙信書状[長尾和泉守宛][同前]
(41) 天野忠幸『松永久秀と下剋上』(平凡社、二〇一八)二六六頁。
(42) 『信長公記』巻一三
「立入左京亮宗継入道隆佐記」(『立入宗継文書』川端道喜文書』国民精神文化研究所、一九三七)。立入宗継は左京亮と称し。入道号を隆佐と称した。先の記録は彼の後年の回顧記。但し、この車ざきの惨刑のことは、他の史料には見えないことである。『信長公記』では村重夫人で美人のほまれの高かった「だし」の処刑について詳細に記しているが、髪を高く結い上げてと記しているところから、それが斬首刑であったことが知られる。しかし立入宗継が「かやうのおそろしきご成敗」と殊更に記すからには、それが単なる斬首刑に止まるものでないことが了解される。『信長公記』(巻一三)に上臈たちは神妙に刑に服したが、小者たちは泣き叫んでいたという記述があるが、それがこの惨刑の執行を示唆しているようにも読める。尼崎の現地で、百名からの磔刑と五百人余の焚殺刑を行った信長である。京へまで連行した者たちの処刑が、単なる斬首刑で終わるべくもないであろう。
(43) 谷口前掲『織田信長合戦全録』一九四頁。
(44) 朝尾前掲『天下一統』一三四頁。
(45) 前掲『増補改訂本願寺史』五九一頁。
(46) 『信長公記』巻一三、「高野山へ上られ候、爰にも叶ふべからざる旨御錠に付いて、高野を立出で、紀州熊野の奥、足に任せて逐電なり。然間、譜代の下人に見捨てられ、かちはだしにて己と草履を取るばかりにて、見る目も哀れなる有様なり」。

(47) 天正八年八月　日付、織田信長折檻状(『増訂織田信長文書の研究』上巻)

(48) 前掲『多聞院日記』天正九年八月十九日条。

(49) 『信長公記』巻一四

(50) 平山優『武田氏滅亡』(角川選書、二〇一七)

(51) 高柳前掲『明智光秀』一六二頁。

(52) これは『川角太閤記』に記されている。『川角太閤記』は豊臣系大名であった田中吉政の家臣であった川角三郎右衛門という武士が著した秀吉時代の史書。本能寺の変から関ヶ原合戦までを扱っている、全五巻。本能寺の変については、明智光秀の家臣であり本能寺の襲撃にも参加していた山崎閑斎(のち加賀前田家に仕官)や林亀之助(のち関白豊臣秀次に仕官)などから話を聞いて同書を記したとしていることから、その記述には信頼に足る部分もある。
なお本能寺の変の原因については、谷口克広『検証 本能寺の変』(歴史文化ライブラリー、吉川弘文館、二〇〇七)参照。

(53) フロイス前掲『完訳フロイス日本史』織田信長編Ⅲ、一四四頁。「人々が語るところによれば、彼の好みに合わぬ要件で、明智が言葉を返すと、信長は立ち上がり、怒りを込め、一度か二度、明智を足蹴にしたということである」

(54) 『信長公記』巻一五

(55) 同前

(56) 同前

第二章　明智光秀の出自と人となり

一、生い立ちと土岐氏について

光秀の出自については、今日においてもなお充分には解明されていない。高柳光寿氏はその著『明智光秀』(1)の中で、不明の部分が少なくないと断りつつ、光秀の履歴を次のように紹介されている。

光秀は清和源氏の流れをくむ土岐氏の末裔であり、代々美濃国に住し同国恵那郡の明智城に拠ったので明智を苗字としたとされる。そして父(明智光綱と言われる)が戦死したときにそこを逃れ、その後、朝倉義景に仕えて五百貫の地を与えられた。鉄砲、ことに大筒の妙術を心得ていたという。

光秀が細川藤孝(幽斎)と知り合ったのも、この頃のことであるとされている。藤孝は三好・松永らに追われて、この越前の朝倉義景を頼って落ち延びてきた足利義昭に従って同地にあった。藤孝は足利家の衰微をなげき、義昭の京都帰還の時節のあることを待ちわびている旨を光秀に告げた。

その後、光秀は朝倉家中の者から讒言を受けることがあり、義景はこれを信じて光秀に暇を与えた。光秀はそれより岐阜に赴いて信長に仕え、五百貫の領地を与えられた。このような経緯があったので、足利義昭の京都帰還については光秀と細川藤孝との連携で事が運ばれ、義昭は信長を頼って美濃に移り、永禄十一年（一五六八）の義昭を奉じた信長の上洛につながっていったとされている。これはもっぱら細川藤孝の事跡を記した熊本藩細川家の家史である『細川家記』（原題『綿考輯録』）の記述によったものである。[2]

出自をめぐる諸説

しかし光秀については、それと異なる経歴を指摘する見解もある。光秀は、最初から足利将軍家に仕える奉公衆であり、細川藤孝と協力して足利義昭の越前逃避行を助けたものとされる。義昭が京都に帰還して征夷大将軍に就いた時、光秀は義昭の側近にあって、諸方からの取次役を行っていたこと、またこの頃の将軍義昭の「奉公衆」の屋敷の一画に明智光秀の屋敷もあったという事実からも、彼はそもそも足利将軍家と関係を有していた人物ではないかとする。[3]

もう一説には、光秀は細川藤孝の家来で、若党のような存在であったとするものである。これは『多聞院日記』に「光秀はもと細川兵部大輔（藤孝）の徒の者」とあり、[4]同一説はルイス・フロイスの『日本史』の中にも記されている。[5]これは藤孝の公式の歴史である『細川家記』の記述と相反することなので採用し難いが、気になる証言記事ではある。

二、織田家臣時代

信頼できる史料によると、光秀は永禄十二年(一五六九)頃から木下秀吉(のち羽柴秀吉)らとともに、信長支配下の京都近辺の政務に当たったとされる。[6]

また将軍義昭に近侍し、信長との取次役のようなことを行い、また朝廷との連絡にも信長は光秀を使っていた。光秀には格式や慣例を重んじる幕府や朝廷関係の行事や交渉事をソツなくこなせる能力が備わっているようで、信長も光秀のそのような才能を重宝していたのであろう。光秀のポジションというのは微妙、複雑で、信長の家臣としてもあるが、世間では将軍義昭の奉公衆の一人とも見なしていた。[7]

しかしながら義昭と信長の関係が悪化していく中で、光秀は義昭と袂を別って信長につく。そののち各地を転戦して武功を重ね、殊に元亀二年(一五七一)の比叡山焼き討ちにおいては働き抜群として、近江国の志賀郡(約五万石)を与えられ、叡山麓の坂本に城を築いて居城とした。

天正三年(一五七五)に、惟任《これとう》の姓、従五位下、日向守という官位を与えられ、惟任日向守と称した。[8] この官位授与は殊遇である。同僚の羽柴秀吉も筑前守を名乗っているが、これは私称にすぎず、太郎兵衛、五郎左衛門の類と変わりはない。この当時は、土豪・地侍の身分であっても若狭守、伊賀守などを称することは普通であって、取り立てて言うほどのことはない。しかし、朝廷から正式に授与される官位となるとこれは別儀である。

織田家臣中において正式の朝廷官位を有する者は織田の一門衆であるか、信長の右筆で僧侶的な扱いである松井友閑（宮内卿法印）や武井夕庵（二位法印）といった人々で、光秀のような信長配下の武将クラスでは類例を見ない。光秀が名門土岐氏の門流にあるとはいえ、破格の扱いであり、光秀に対する信長の信任の厚さを物語っていると言えよう。

なお、光秀に新たに与えられた苗字である「惟任《これとお》」というのは、九州の在地領主の苗字に由来する名称である。「日向守」は言うまでもなく日向国（現、宮崎県地方）に対する支配権を示す称号。それ故、光秀はこれ以降「惟任日向守」と呼ばれるが、本書ではこののちも明智光秀の表記で統一している。

またこの頃、信長は丹羽長秀に対しても、同じく九州の在地領主である「惟住《これずみ》」の苗字を名乗るよう命じている。これらの措置からして、この天正初年の段階において信長はすでに九州平定を視野に入れつつ、着々と布石を打って行動していたことが諒解される。

さて坂本城主となった光秀は、石山本願寺のほか信長に背いた荒木村重（摂津国有岡城主）や松永久秀（大和国信貴山城主）などを討伐すべく近畿の各地を転戦する一方、他方では丹波国の平定を命ぜられている。[9]

丹波平定

この丹波国の方面は中小領主が混在していたが、その中で信長に頑強に抵抗していたのが黒井城主の荻野直正であった。直正は一般には赤井悪右衛門の名で知られており、氷上郡を中心に丹波国では最大勢力を誇る大名的領主であった。

光秀は信長の命によって、天正三年(一五七五)から丹波国の平定に乗り出していく。光秀は丹波の中小領主を順々に制圧し、同年末には丹波国の大半を手中に収めて荻野の黒井城を残すのみであった。ところが年の明けた天正四年正月、黒井城への攻撃を行っていた光秀軍に対して、それまで光秀に従っていた八上城主の波多野秀治が突如裏切りを敢行した。そのために光秀軍は大敗を喫して丹波から退却し、近江坂本の居城に引き上げなければならない事態となった。ここから、丹波国の制覇をめぐって光秀と波多野秀治との長い戦いが繰り広げられることとなる。

波多野氏は中世以来、相模国の波多野庄を所領とした在地領主で、鎌倉幕府や室町幕府の評定衆をも勤めた中堅クラスの武士であった。そしてその一族の中から、丹波国の八上城を本拠とする国人領主の波多野が出ていた。

光秀は軍勢をもって攻め立てたが、八上地方の複雑な山岳地形を知悉していて地の利にま

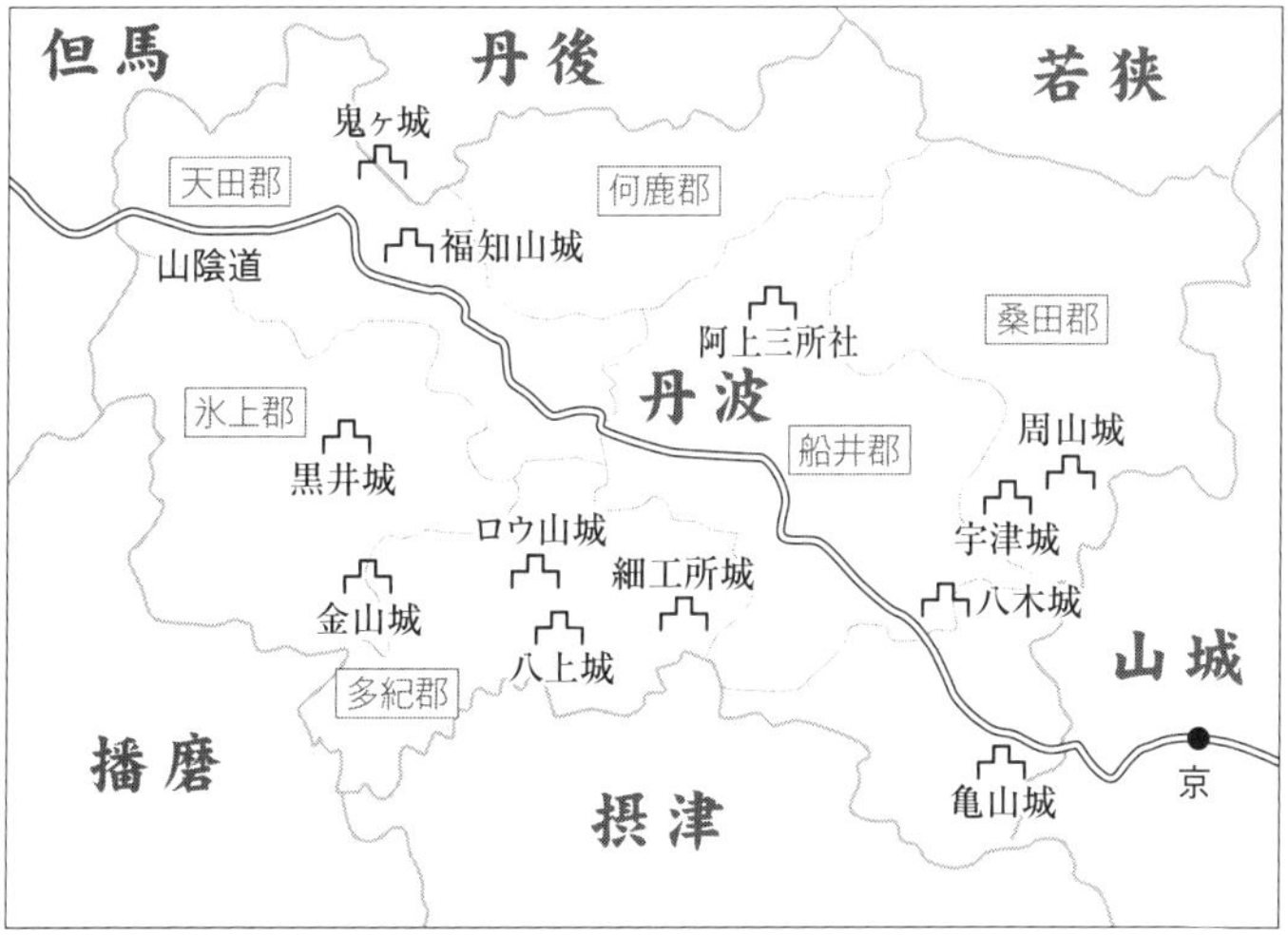

光秀が丹波に侵攻する前の勢力図

さる波多野を力攻めで落とすことは困難であった。光秀も三年余にわたって攻略を試みたが不首尾に終わり、そこで兵糧攻めに転じることとした。八上城の周囲に多数の付城を築くとともに、「三里四方に堀をほらせ、塀・柵を丈夫に幾重も申し付け[10]」、徹底した持久対峙の姿勢を取った。

　これによって八上城は完全に封鎖されてしまい、外部からの兵糧入れが不可となる。次第に八上城内の食糧は絶やされ飢餓状態に陥っていく。城内では多数の餓死者が出ているようであり、たまらず城外に討って出た者の顔も青腫れしていて、とても人間の姿とは見えなかったと報じられていた[11]。

　このような状態の下、光秀は「調略」を用いて城主の波多野秀治兄弟を搦め取り、八上城は陥落した。「調略」とはなにがしかの計略を用いたことを指しているが、その内容は不明である。光秀が自分の実母を人質に差し出して、波多野兄弟を城内から退去させたという話があるが、八上城内はすでに末期状態になっているので、そのような措置は考えにくい。光秀の書状[12]には、「調略」によって八上城の天守が焼け落ちるようなことが起こるかもしれないと記されていることからして、かなり荒っぽい手立てであり、波多野家臣に助命を条件に裏切りを勧め、波多野兄弟を討つか、生け捕りにさせるといった事態が想定されよう[13]。

いずれにしても波多野兄弟は搦め取られて安土に送られ、そして信長の命によって両名は同地の慈恩寺町末で磔刑に処せられた。『信長公記』は両名の態度について、見苦しいところはなく立派な最期であったとしている。

八上城を落とした光秀は黒井城に兵を向けるが、孤立無援の黒井城は持ちこたえるべくもなく、さらに城主の荻野直正が病死することなどもあって、同城はあっけなく陥落した。ここに光秀の長年にわたる丹波国の平定がようやくにして成就したのであった。

そしてこの功績によって、光秀はこれまでの近江国志賀郡に加えて丹波一国の支配権を信長から与えられ、大身の大名へと成長した。そして丹波国内では亀山城を主城としたほか、横山城・周山城・福知山城などの支城を築いていったのである。

勲功抜群の者

こうして光秀は、これまでの志賀郡の坂本城のほかに丹波国と亀山城を領有することになったのだが、この二つの地点がともに京に繋がる東海道と山陰道の喉元に当たっているということに留意する必要がある。この要地を二つながら領地として与えられていることからも、信長の光秀に対する信認がいかに厚いものであったかを推察することができるであろう。

この点は天正八年に作成された前掲（六四頁）「佐久間信盛折檻状」においても見ることができる。石山本願寺攻略作戦の総大将として任命されながら、遂にそれが不首尾に終わったことにより信長から譴責を蒙って高野山に放逐された佐久間信盛に対する糾弾の文書であるが、その冒頭近くに、信盛の無能さ愚かさを際立たせるための対照として、「丹波国の日向守が働き、天下の面目をほどこし候」と勲功抜群の者として光秀が明言されている。織田家中において最も高い評価が与えられているのであった。

天正九年（一五八一）には、京都で行われた信長軍団の威容を誇示する一大パレードである「京都御馬揃え」の奉行（運営責任者）に、光秀は任ぜられている。時の正親町天皇以下の貴顕歴々が特設の桟敷席に居並ぶ中で行われた馬揃えは、信長にとって一代のハレ舞台であり、信長軍団の勢威の程を天下に宣揚する画期的な出来事であった。それは同時に、これより天下統一の全国制覇に乗り出していく決意の表明でもあり、それを裏付ける軍容の誇示でもあった。

この最も重要な儀式に際してその運営を任されたということは、光秀をもって信長の信任第一の家臣と見なすに充分なものがあった。この華やかな馬揃えの行事を盛況裡に運営しえたこの折こそ、光秀にとって得意の絶頂の時であったと言ってよいであろう。

三、本能寺の変に至る経緯

信長の光秀に対する信頼は絶大であり、光秀の信長に対する忠誠も一方ならぬものがあった。光秀がいつから信長に対する叛意を抱いていたのかについて、当然にも関心はそこへ向けられていくのであるが、運命の天正十年（一五八二）を見た場合も、その正月七日に居城坂本で催された新年の茶会の席には「床に上様（信長）の御自筆御書」が掛けられていた。そして茶釜には、天正六年正月に光秀が信長から拝領した「八角釜」が用いられていたと、茶会に招かれた津田宗及が記している。(14) この時点においても、信長に対する変わらぬ忠誠心を光秀は現していたのである。

それでは何故、本能寺なのか。不倶戴天の仇敵同士であるならば、この異変は特に奇とするに足りぬであろう。そうではなく、かくも信頼と忠誠の篤い関係にあった両者であるが故にこそ、この本能寺の変という事件の奥深さに思いを致さなければならなくなる。

光秀は果たして天下獲りの野心に燃えて、この決起にいたったか。否であろう。細心にして生真面目な人物、むしろ小心でさえある光秀に、主君信長に対して弑逆を企て天下を獲るなどという大それた野望を抱く余地があるべくもなかった。そうではなく、天下人信長の下にあって最も信頼に足る部下として処遇されることをもって無上の喜びと感じ、子々孫々に至るまで信長に対して絶対の忠誠を尽くすことを己が使命と固く心に刻むようなタイプの人物であったはずである。

そのような光秀が何故に⁉ ここに本能寺の変の真の意味での劇的《ドラマ》性格が込められている。筆者が本能寺の変に深い関心を寄せるのは、このような当事者たちの主観的な善意を超えて、あえて主殺しの大逆に及ばざるをえなかった悲劇性が、この事件の本質をなしているが故に他ならない。

愛宕参篭と百韻連歌

同年五月十七日、家康の饗応役を解かれて毛利攻めの出陣を命じられた光秀は、いったん近江坂本にもどり、さらに同二十六日にはもうひとつの居城である丹波亀山城に移り、西国への出陣の準備を進める。そしてこのような出陣準備のさなかであるにもかかわらず、光秀は亀山から京北の愛宕山に登って愛宕権現に参篭している。この愛宕参篭こそ、光秀にとって決起の是非を熟考し、決断を下す契機となったものである。

そして同二十八日・二十九日には愛宕山五坊の一つである威徳院において、連歌師の里村紹巴・同昌叱らを招いて百韻の連歌興行を催す。このときの光秀の発句として著名なのが、「時は今 雨が下しる 五月哉」の一句である。「時」は光秀の出自を現す「土岐」の苗字を重ね、「雨が下しる」は「天が下知る」の掛詞であり「天下を統治する」の意となる。五月（新暦では六月）の空の雨模様を詠みながら、光秀の謀反の決意を示したものとして周知のところである。

もっともこの句については、「天が下知る」は後人の改変であり、本来は「雨が下なる」であったとする説もある。(15) 筆者は光秀にこの時点で謀叛の心があったとき、その底意を身内でもない他人の前で表明するというのは命取りになりかねないことから、「雨が下なる」の説にひかれるところもある。しかしその場合、歌意があいまい平凡になってしまい、その点からやはり疑問である。

この歌意に危険な野心が潜んでいることは、里村紹巴らの会衆には直ちに察知されることであろう。なぜ叛意をあからさまにしてしまう危険なことをするのだろうか。思うに連歌を得意とした光秀にとって、この一句が図らずも心の底から胸を突き破って噴出してしまったということではないだろうか。

これは間違いなく歴史に残る名句である。その掛詞の語句の用い方の妙といい、発句十七文字に一字の無駄もなく、簡明な表現ながら内包する力感の漲りといい、決然たる意志の表明といい、歴史の大転換を宣告したという意義においても、和歌文学史上の傑作の一つと評して決して恥じることがないと思う。

深く思念してこの一句を得た時、光秀はこの句の危うさを知りつつも、敢えて別の句に差し替えようという気持ちにはなれなかったのかも知れない。この一句ぐらい、当時の彼の心境を表現するものがなかったからだろう。叛意が滲み出て、人に知られてしまうという危険はある。しかし同時に、この一句は愛宕の神に捧げて、己の行動が神慮にかなうか否かの神判を仰ぐものとしてもあったろう。もしそれが神慮にかない、神の加護を得られるのならば、秘密の漏洩は恐れるに足らぬことであったろう。

本能寺への途

六月一日夕刻、光秀は一万三千の軍勢を率いて亀山城から出陣した。亀山から毛利攻めのために中国地方へ向かうという目的ならば、亀山から西に向かい三草越を経て山陽路に出るのが通例である。その昔、源平合戦の折りに源義経がこの道を伝って平家軍の集結する須磨の浦の背後に進み、一の谷の逆落としを敢行して平家を破った故事をもつルートである。

しかしながら光秀の軍勢は、山陰道（丹波路）を東に進み、老の坂を越えて京域（現・京都

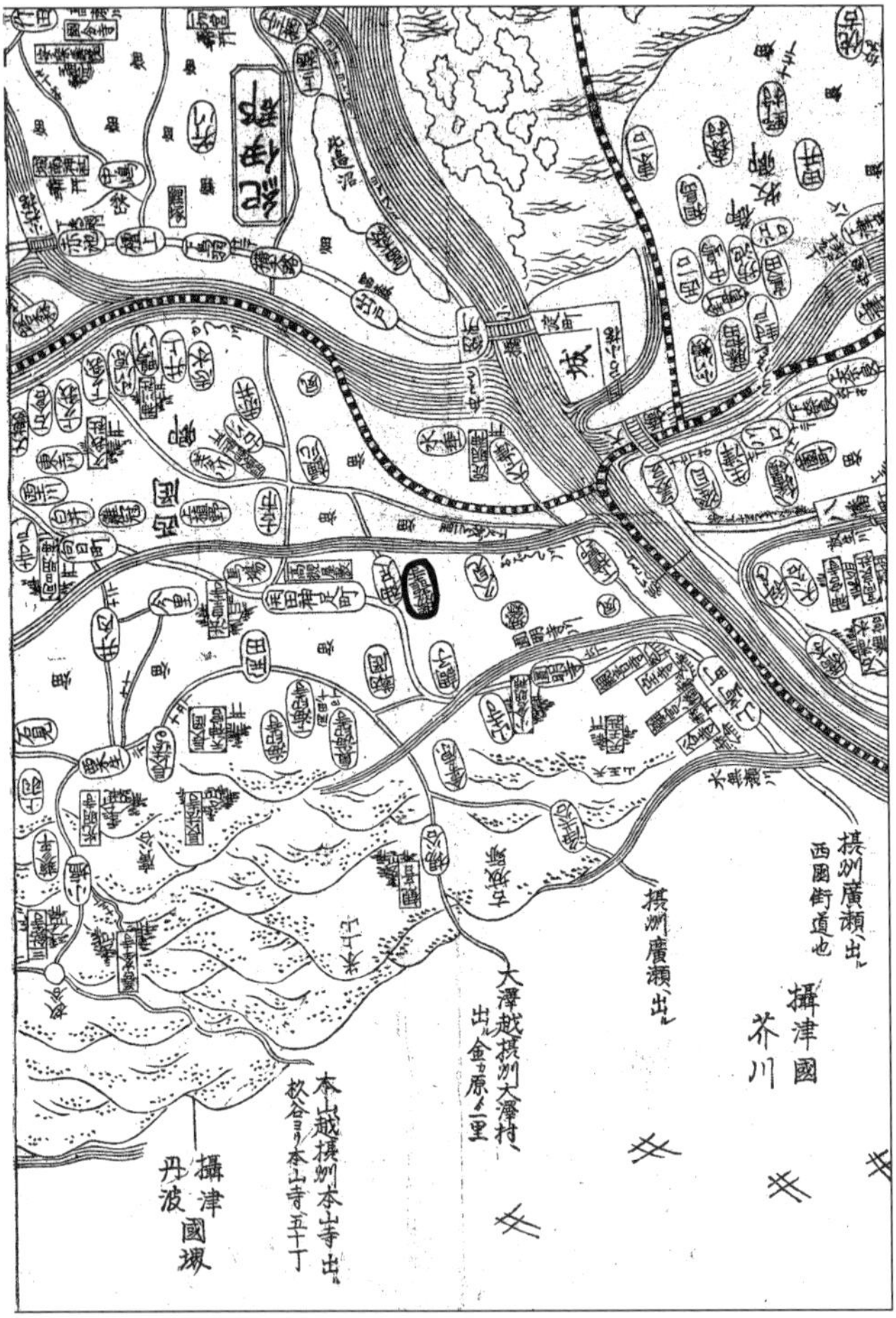

山城州大絵図（安永7年製、岡山大学附属図書館 所蔵）

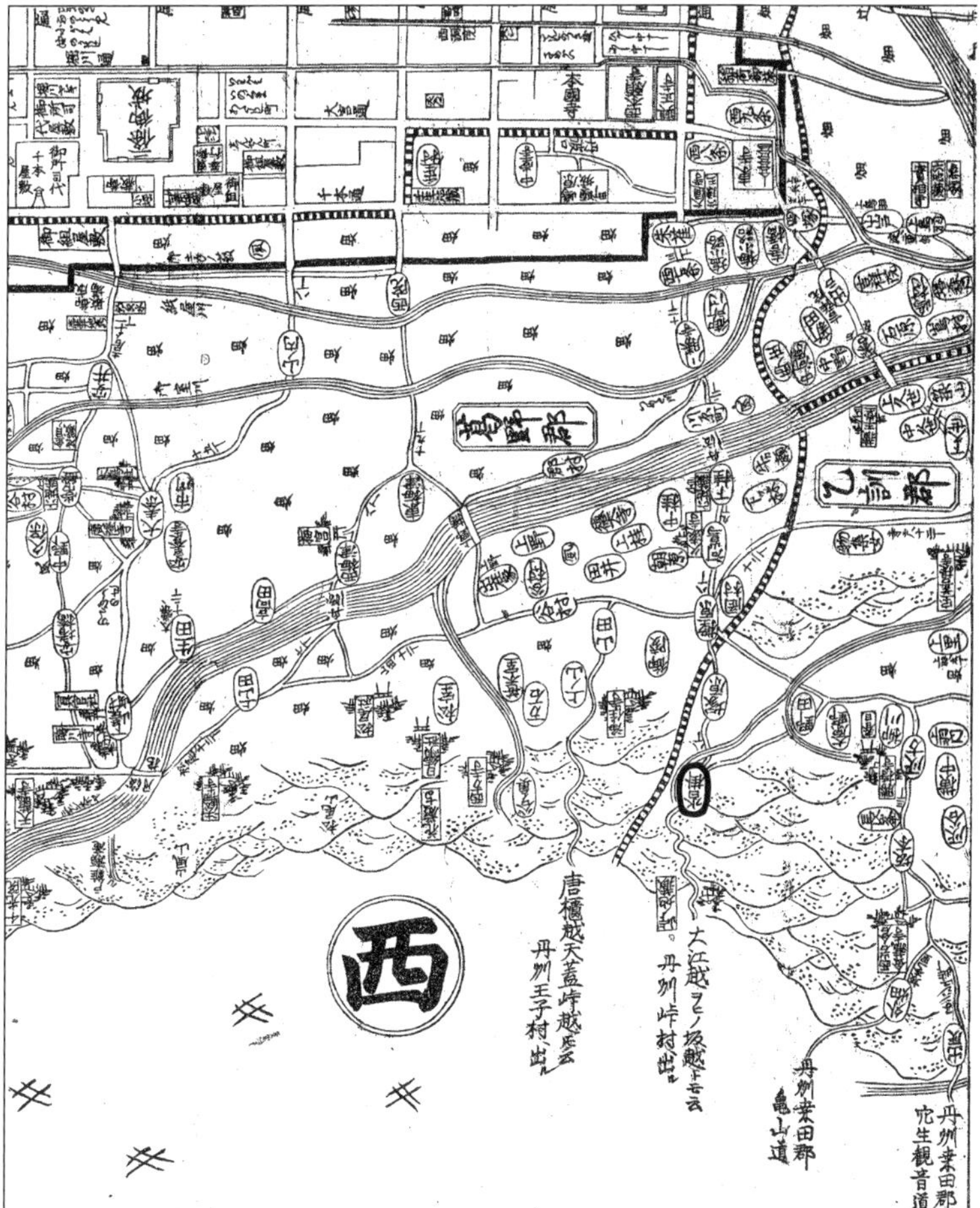
本國寺
御所司代
千本屋敷
葛野郡
乙訓郡
西
唐櫃越天蓋峠越ト云
丹州王子村へ出ル
大江越ヲヒノ坂越トモ云
丹州峠村ニ出ル
丹州桑田郡
亀山道
丹州桑田郡
穴生観音道

市西京区）へ入っていった。このコースをとったことをもってすでに反乱の意思を表明したものと解することが多いようであるが、必ずしもそうではない。

老の坂から山城国へ下りきった所に沓掛の地がある。地名からして街道の休息場所であることが知られるが、ここは街道の分岐点となっており、そこで右折をして南進すれば京の西山連山の麓に沿って、その先端にあたる山崎の方向に進み、やがて西国街道に交わって高槻・尼崎方面へと向かうことになる。すなわち、このコースをたどるならば、信長の命ずるままに西国毛利攻めの進軍態勢をとることになる。大軍の進行ルートとしては山道の険しい三草越えよりも適しているとも言えよう。

この時の光秀軍の行程についてはさまざまな説が唱えられているが、前掲『川角太閤記』の記述が信用に足る。同書は、この時に明智軍の物頭（鉄砲隊長）として従軍し、のち加賀前田家に召し抱えられ、大坂の陣では前田軍の先鋒大将を務めた山崎閑斎と、もうひとり林亀之助と言って、やはり明智の家中で山崎の合戦にも参加し、のち関白豊臣秀次に仕えた人間という、この本能寺の変に実際に参加した二人の人間から取材したとされているので信憑性は高い。

謀反決起の決断

同書によるならば、六月一日の申の刻ばかり（午後四時頃）、光秀は全軍に次のように申し渡したという。すなわち、「京都の森乱丸から信長の命として伝えてきたことには、毛利攻めの光秀軍の陣容を信長が見分するにつき京都へ参るようとのことであったので、そのように心得たうえで出陣する」とのことであった。

そこで亀山から出陣して東の柴野の地へ出たときには、はや酉の刻（午後六時）になっていた。全軍の人数を確認したところ約一万三千人ほどであった。

光秀はそれより全軍から一町半ほど離れた場所に、婿の明智左馬助（弥平次、秀満）を呼んで、五名の重臣（明智左馬助のほか、明智次右衛門尉〈光忠〉、藤田伝五〈行政〉、斎藤内蔵助〈利三〉、溝尾庄兵衛尉〈茂朝〉）を集めるようにとの指示があった。五名が集まったところ、光秀はその場で彼らに向かって謀叛決起の決心を披歴した。五名の者は突然のことに動揺したが、そのとき明智秀満が声を発し、「このような大事が言葉として出されてしまった以上は、仮に中止したところで必ず漏れ出してしまう。ならば決行するしかない」と述べたことから、残りの者も異議なく同意したとのことであった。

それより明智軍は老の坂を越えて、沓掛の地に至り、ここで人馬を休めて、兵士に兵糧を使わせた。また家来の天野源右衛門に先行を命じて、信長の下に密告する者があれば討ちすてにするようにと申し含めた。

光秀がこの沓掛の地で休息を取り、兵士に食事をとらせたというのは意味深長であり、象徴的でもあった。光秀はこの地でもって最後の熟考を行ったのである。もしこの地から方向を転じて南進するならば信長の命ずるとおり、何事もなかったように西国路を毛利攻めのために向かうことができる。謀叛決起を思いとどまる最後の機会であった。

だが食事の休息を終えるや、光秀はすべての迷いを振り払うように全軍に東行前進を命じた。一途に京の街を目指して進むのみである。光秀軍は桂川に到着すると、馬の藁くつ（馬の蹄の防護具）を切り捨て、歩兵には新しいわらじ、足半（草鞋の前半分だけのもの）をはかせ、鉄砲の者には、火縄を一尺五寸（四十五センチほど）に切り、その五本に点火して逆さまに下げる形で持てとの指令であった。

家康討ちとの噂

この時、光秀軍の中にいた本城惣右衛門という武士がのち江戸時代に記した『本城惣右衛門覚書』(16)という文書によれば、京への進軍を命ぜられた光秀配下の兵士たちの間では、これは徳川家康を討つためではないかと噂しあっていたとのことであった。このことは、ルイス・

フロイスの『日本史』(17)にも記されており、信憑性が高そうである。

家康討ちというのは、当時の状況からしてもっともリアリィティーをもった説明であった。武田を滅したいま、三河・遠江・駿河の三カ国を領有する徳川家康は御用済みとばかりに、信長からいちばん狙われやすい存在であることは衆目の一致するところであったからである。そんな状況だから、信長から京都滞在中の家康の討伐を命ぜられたという説明は、比較的動揺少なく全軍を京都へ向かわせる方便として有効に働いていたことだろう。

光秀軍は京の街に入ると一万余の大軍を三手に分かれて進み、午前五時頃、本能寺を取り囲んだ。

一口に本能寺を包囲して攻撃したなどというけれど、一万規模の軍隊を動かして一町(約一二〇メートル)四方という広大なエリアを有する本能寺の寺域を、漏れなく包囲するというのは簡単な作業ではない。時間も要することであるし、何よりも甲冑や武器を帯びた将士たちが動き回るわけだから物音も小さくない。馬のいななきも夜の闇を切り裂いて響きわたることであろう。

故に本能寺内部の人間に気づかれないように包囲行動を完遂するというのは、至難の業であることが諒解されよう。繰り返すけれども、包囲が完了するまでに俊敏な信長に気取られたならば、ただちに手薄の箇所から脱出することを許してしまうということを考慮しなくてはならないのである。

その意味において、光秀の本能寺包囲の采配は鮮やかであったと評さなければならない。一人の密告者を出すことなく、本能寺が完全に包囲されるまで、信長や家来たちに光秀軍の行動を気づかせることがなかったのだから。

信長の遺骸のゆくへ

本能寺の襲撃経緯については第一章に記したとおりである。ここではこの事変をめぐって謎の一つとされている問題について検討してみたい。その問題とは、焼け落ちた本能寺の跡からは信長の遺骸が見つからなかったという件である。

本能寺の変ののち、信長の遺骸は見つからなかったとされている。未発見の原因は、大きな建物が焼け落ちたのちの残骸の中に当時の調査能力で遺骸は見つけられなかったとされる一方、近隣の寺院の住職が信長の遺骸を引き取って自己の寺院境内に葬ったとする伝承もある。

しかしながら信長の遺骸がもし存在していたのであれば、秀吉の時代になってから然るべき大寺院に改葬されたことであろう。京都大徳寺の総見院は信長の菩提寺として、秀吉が信長の一周忌に合わせて建立した寺院であるが、ここに信長の遺骸が葬られることはなく、香木で造られた信長像が荼毘に付されたということである。そのような処置がなされたということは、やはり遺骸は見つからなかったということであろう。

しかし当日、本能寺に宿泊していた武士はたかだか数十名のことであり、しかも若干の者を除いて、その大半は森蘭丸のような若い小姓たちであって体格も大きく違うことから、焼死体の中から信長を発見できなかったということも不自然ではないだろうか。

そもそも光秀は、信長の焼死体に無関心でありえようかという問題がある。彼にとって最大の懸念は、俊敏な信長が囲みを突破して脱出してしまったという信長討ち漏らしの事態である。これは直ちに、光秀の致命傷になってしまう。絶対にあってはならない事態である。それ故に、焼死体の中に信長を確認するという作業は、光秀側からは不可欠なのである。漠然と見つからなかったというような生温い問題ではない。

本能寺の襲撃のあと、光秀軍は二条御所に立て籠る信忠の攻撃に向かうのであるが、この間、二時間ほどを経過している。この時間差の空隙は何を意味しているのであろうか。一つには、光秀は信長打倒のみを考え、信忠の存在は考慮の外にあったのであろうこと。本能寺の襲撃が一段落してから､信忠がまだ京中に残っていると知って攻撃に向かったのであろう。

いま一つには、信長の遺骸の捜索に時間を費やしていたであろうことである。一町四方という広大な寺域をもった本能寺である。その焼け跡をくまなく捜索して、黒焦げの焼死体を拾い集めて信長の遺骸を特定するという作業である。優に二時間ほどを要することになるであろう。光秀にとって、生ける信忠を討つことよりも、死せる信長の遺骸を確認する方がはるかに重要なことに思えたであろう。

そして信長の焼死体を確認したならば、当面の光秀の立場は確実に安定することになる。それ故に、信長の焼死体の確認は最重要な課題であり、おそらくそれは確認されたことであろう。先述のとおり、焼死体の全数も三十ぐらいなもの、そして若干の者を除いてその多くが若輩者たちなのであるから、そこに体躯の頑強であった信長の遺骸を見出すということなのだから、それほどには困難な作業ではなかったであろう。

光秀サイドの思惑

それでは何故に信長の遺骸は発見されなかったという話になるのだろうか。ここから信長の遺骸をめぐるミステリーが生じてくることになるのだが、現実に即して見た場合、次のようなことが考慮されてくる。

信長の焼死体が見つかって、それが光秀に報告されたという状態を想定してみよう。その場合、光秀はこの信長の遺骸に対してどのような処置を施すことになるだろうか。憎っくき信長の黒こげの首を市中に晒すのであろうか。光秀は信長によって圧迫されていたけれども、自分を大身の大名に取り立ててくれた信長である、事情がどうであれ恩義浅からぬ主君に対してそのような処置が下せるはずもなかった。そもそも謀叛、主殺しはいくら下克上の世とはいえ、やはり武士の社会では忌み嫌われる事柄である。信長の首を晒すというのは、光秀にとって自殺行為になってしまう。

　では信長の遺骸は然るべき寺院の葬地に送られて、丁重に弔いがなされるべきであったろうか。それは光秀にとって、自己の決起が誤りであったこと、あるいは根拠薄弱であったことを天下に告知するに等しいことになってしまう。丁重に埋葬されるような人を討ったということは、その討伐行動が正義にもとるものであったことを表白しているようなものではないか。

　光秀の命令に従って行動し、これからは光秀を天下の主として盛り立てようと奮い立っている家臣団に対して、その決意を萎えさせてしまうことにもなりかねない。多くの人は、何故に光秀が反乱決起したかという点において、疑問を感じ動揺を余儀なくされてしまうことであろう。

　つまり光秀にとって、信長の死が確認されたうえは、その遺骸なるものはそれ以上は目にもしたくないし、取り扱いにはなはだ困惑する躰のものであったということである。焼失して発見不可であったという形にするに若《し》くはなしであろう。そこからして、本能寺の焼け跡に残された焼死体はまとめて近隣の寺院に引き取らせて、適宜の供養をなさしめたという伝承につながっていくことであろうし、また実際にもそのような処置がなされたのではないだろうか。

四、山崎の戦い

光秀の統治

光秀は事変ののち京都の街を制圧する。信長の親族、家来の者たちは、一部は信忠の立てこもる二条御所に集結して明智軍と戦ってほぼ全滅し、他の者たちは京都から脱出してしまったことによって、京都の街中については明智軍に公然と敵対する勢力はなくなってしまった。

光秀はつづいて坂本城に入って近江方面の制圧を進め、六月五日に信長の本拠であった安土城に無血入城している。安土城には蒲生賢秀《かたひで》が留守武将として同城を守っていたが、明智軍の進攻情報を得て、少勢の城内兵力で防衛することは困難と判断し、信長の婦女子たちを連れて安土城を放棄して蒲生氏の居城である日野城へと退去した。

他方、朝廷方面の動きであるが、朝廷ではこれまで信長の常軌を逸する行動に言い知れぬ恐れを抱いていたことから、信長の死はひとまずの安堵をもたらしたが、光秀の謀叛というこれまた予期せぬ事態の勃発を迎えて、混迷の度を深めていた。光秀と、どのように接すればよいのか——それは朝廷に限らずすべての人々が同じ思いであったろうが——、それを模索しなければならなかった。

六月七日、朝廷は吉田兼和を勅使として安土城に派遣し、光秀に京都の治安維持を委任する意向を伝えている。これを受けて光秀は翌八日に安土を発って京都に向かい、同九日には天皇御所に参内し朝廷に銀五百枚を献上し、京都五山や大徳寺などの主要寺院にも銀百枚を贈るなどの措置を取っている。京中の主要な伝統勢力の支持を得んがための努力であった。

光秀をめぐる諸勢力の動向

光秀は信長打倒という当面の目標は達成したものの、その後の展望が開けていなかった。下克上の珍しくない戦国の世といえども、これほどにあからさまな反逆となると類例を探すのもなかなか難しい。

室町幕府における嘉吉の変、すなわち幕臣の赤松満祐が第五代将軍であった足利義教を自己の屋敷に招いたうえで、観能の最中にこれを殺害した事件が知られる。しかし義教は、将軍後継者が不在の中でくじ引きで選ばれた将軍であり、僧籍から還俗してその地位についた、にわか将軍にすぎなかった。赤松との君臣関係は当然にも稀薄であった。そして赤松は将軍の地位を奪取したわけでもない。

鎌倉幕府では、執権北条氏が二代将軍源頼家を伊豆修善寺に幽閉して暗殺したという事件が見られるが、あくまでも暗殺であって、あからさまな反逆行動ではない。

戦国の梟雄として知られた松永久秀が、第十三代将軍であった足利義輝をその将軍御所に襲って討ち取ったという有名な事件がある。実際には、実行したのは久秀ではなく、その長男の久通や三好三人衆であるのだが。しかし久通にしても三好三人衆にしても、三好長慶の被官であって将軍の直臣ではないのだから、将軍殺害ではあっても主殺しではない。陶晴賢が主君の大内義隆を討ち取った時は、双方が軍を率いた戦場での合戦という形をとっていたし、晴賢はその後も傀儡ではあるけれども、豊後の大友家から迎えた新しい大内の主君義長を戴いていた。

このように戦国の下克上の時代といえども、何がしかの留保がつくものであって、本能寺の変のようなあからさまな主君討ち取り行動というのは、突出している感を免れない。そうした状態の下で、光秀に随順を申し出る者など果たしてあるだろうか。信長の家臣たちは言うまでもなく、それ以外の武士領主であっても光秀とは距離を置いて従おうとはしなかった。

そして決定的であったのが、細川藤孝（幽斎）・忠興父子の去就である。光秀の女子・玉（ガラシア）は忠興に嫁いでおり、明智と細川の両家は姻戚関係によって深く結びついていた。そのようなことから光秀は第一に細川父子の与同を期待したのであるが、その希望はあえなく砕かれてしまう。

細川父子は事変の報に接するや、亡き信長の菩提を弔うと称し髪を下して法体となり、光秀への協力を拒否して局外へ離脱してしまったのである。忠興の妻である玉子は、人里離れた丹後半島の味土野の地に幽閉されてしまう。本来ならば、離縁して光秀の下に送り返すという流れではあるが、忠興が玉子を溺愛していたことから離縁ではなく幽閉という処置になったのであろう。

細川父子のこの明確な与同拒否の態度表明は、光秀にとって致命的な結果をもたらした。光秀にもっとも近しいと見られていた細川父子までがこのような態度をとった以上、もはや光秀に与しようと考える者もなく、みな光秀に距離を置こうとする情勢となっていく。

光秀配下の有力武将であった大和郡山城主の筒井順慶も、始めこそ手兵を光秀の下に送るなどして協力の姿勢を見せていたが、やがてそれもなくなり、光秀の劣勢を見越して順慶は郡山城に籠もってしまった。順慶の態度に業を煮やした光秀は、大和国との国境の洞ヶ峠まで軍を出して順慶に圧力をかけ、出馬を促したけれども、結局郡山に引きこもったままで動こうとしなかった。[18]後世、この話が逆になり、順慶が洞が峠まで出馬しながら、そこで日和見の形成観望していたというストーリーに変えられ、「洞ヶ峠をきめこむ」という諺となったということである。

もっとも光秀に帰服する者もなかったけれども、他面、光秀と積極的に戦おうとする者が見られなかったのもまた事実である。前述したように当時、織田方の有力武将たちは全国各地に遠征していて畿内近国には不在であった。信長三男の神戸信孝と丹羽長秀が四国渡海のために大坂にあったが、四国遠征軍として各地から動員した武士、雑兵たちが事変の勃発とともに狼狽して四散してしまったために、兵士を失った彼らは防御に徹するしかなかった。

そこで事変のあとには奇妙な静けさが漂っていた。これは光秀方にとっては好都合であり、この際に京都を中心とする畿内近国の制圧を進めていった。

安土城焼失の謎

ここにもう一つのミステリーがある。信長が心血を注いで構築した安土城が、かの豊麗な天守ともどもこの本能寺の変のさなかに焼失してしまったという事実である。何時、どのようにして安土城が焼失したのか、それが今にいたるも不明だということである。世にいわれていることは、光秀が滅んだ後、安土城を接収した織田信雄の兵士たちが失火を犯したことから、同城が全焼したとするものである。これはルイス・フロイスの『一五八二年度・日本年報追信』に記されている。また『兼見卿記』には安土城下で火事が発生し、それで安土城が天守ともに焼失したと記している。だが火災は天守跡にのみ確認され、それ以外に火災の痕跡はない。これについて、私は別の見解を抱いている。

一般論から言うならば、安土城の焼失は、蒲生賢秀らの同城退去の時ということになる。これは当時の武士の社会における基本的な作法の一つであって、戦いの中において城を放棄して退去や転進を余儀なくされた時には、城を破却して退去することが必須とされていた。天守や櫓、城門などの木造物には火をかけ、城壁などの石造建築物は主要部分を破却するという行為である。

これは敵の手に城をむざむざ渡すことはしないという意思表明であり、また退去に際して、それが混乱狼狽の中でのうろたえての逃亡ではなく、周到な思慮のもとに行われる粛然たる撤退行為であることを明示するための一つの作法であり、武士の嗜みであった。「城退去時の自焼慣行」と表現できるであろう[19]。これは広く見られる慣行なのであり、本書の叙述範囲でも、天正十年に武田勝頼が新府城から退去する際に(本書七五頁)、また武士ではないが同八年に教如が石山本願寺から退去する際に、自己の城を焼亡させており(本書六六頁)、この慣行の存在を確認できる。

そのことからするならば安土城の焼失は、この蒲生らの退去の時ということにもなるであろう。『信長公記』にも、この安土退去に際して、天守内に飾られている財宝・名物の類は持ち出したうえで、城内に火をかけよという意見のあったことが記されている。しかし同書によるならば蒲生賢秀は、信長が心血を注いで建設した豊麗豪華な天守をはじめとする勇壮な安土城を破却、焼却するに忍びず、静かに落ち延びていったとのことである。

けだし彼らの退去は、信長の婦女子たちを安全な場所に避難させることが目的であって、戦闘の末の敗退とは異なるものであること、そして何よりも信長が心血を注いで建設した豊麗な安土城天守などを焼亡させるにしのびないという固有の心情から、通例の自焼退去の作法をあえて回避していたということである[20]。

そうすると安土城の焼失については、同城を接収した明智左馬助秀満らが山崎の合戦における敗北の後、同城を退去するにあたって火を放った可能性はある。ただし明智秀満自身は光秀の救援のために出撃したのであって、安土城を放棄したわけではないから自焼行為は考えにくい。

このような流れからするならば、安土城に火をかけたのは、明智秀満が光秀支援のために安土城を離れるとき、安土城の守衛を託した留守部隊の者が、同城を放棄して撤退するときに行った可能性が一番高いということになるであろう。

明智留守部隊の撤退の直後、入れ替わるように織田信雄の軍が安土城に入ったので、信雄軍が焼いたという認識になっていったのではないだろうか。信雄やその配下の将兵が安土城に火をかけるというのは、やはり考えにくいことであろう。

大軍と戦うのに最適の地

さて、話を戻そう。安土城の接収に成功したことにより、光秀軍による京都から近江方面にかけての制圧作戦は順調に進むかに見えた。大坂方面にある神戸信孝と丹羽長秀の軍が沈黙を守っているのも好都合であった。しかしながら意外にも、遠く備中方面で毛利軍と正面から対峙していたはずの羽柴秀吉が、毛利との講和を果たしたのち、急遽とって返し、尋常ではない速度をもって光秀軍を目指して攻め上ってくるという情勢となった。

これより先、光秀は大坂にある神戸信孝と丹羽長秀を討ち果たすべく、京都を発って河内国方面（現、東大阪市）に軍を進めていた。しかし秀吉の軍勢が急速に迫っているという情報を得て、方向を転じていったん軍を京都方面に引き、それより桂川をわたって勝竜寺城（現、長岡京市）の守りを固めたうえで、山城と摂津の国境となる山崎の地において秀吉軍を迎え撃つ態勢をとった。

この戦いに限ったことではないが、京都というのは戦いに不向きな土地柄であって、殊に防御の観点からはほとんど無力に近い。東の方面では瀬田川──宇治川のラインを防衛戦にするのが常であるが、由来この瀬田・宇治川を守って敵に勝った試しは無いと言われているほどに脆弱である。

西の方面では桂川があるが、川幅も小さく防衛ラインとするにはあまりに非力である。光秀が山崎の地まで進出して、同地で秀吉軍を迎撃しようとしたのは戦術的には正解であろう。同地は、京都盆地を取り囲む西山連峰の長大な壁が敵の進出を阻止しており、そしてその西山連峰の南端にあたる山崎の地には、この戦いでその名を残すこととなった天王山が聳え立ち、淀川(桂川)沿岸に向けて張り出している。故にこの地が摂津国と山城国との国境をなしており、おのずから淀川沿いの道は狭隘となる。

兵数的に劣勢を否めない光秀軍が、秀吉の率いる大軍と戦うには最適の地と言うことが出来よう。秀吉軍が狭隘路を縦隊形で進出してくるところを逐次的に撃破することができるからである。守るに適し、攻めるに難しい地形である。しかも光秀軍は鉄砲の装備の点でも、織田家臣団の中において優れていたといわれていた。このような鉄砲を活用した敵軍の逐次撃破の作戦は効果が期待できることから、光秀軍に勝機がなかったわけではない。

しかしここに重大な誤算が生じた。光秀軍にとって山崎の防衛戦を成功裡に導くために不可欠であるのは、山崎の地を眼下に見下ろす天王山を手中におさめておかなくてはならないということである。天王山の山頂を抑えて秀吉軍ににらみを効かせ、秀吉軍の山越え攻勢を阻止して、山下の狭隘路に秀吉軍の進軍を限定させなければならないからである。また、その山腹に鉄砲隊を配置して山下の狭隘路を進む秀吉軍に銃撃を加えることも可能となる。この場合、秀吉軍はまったく進撃できない状態に陥ってしまうであろう。

そこで光秀軍では山崎迎撃の策が定まるや、天王山を制圧するための部隊を派遣したのであるが、彼らが到着したときには、天王山はすでに秀吉側におさえられてしまっていた。秀吉軍はいまだ到来していなかったのであるが、山崎の近隣に領地をもつ高山長房（右近）（高槻城主）や中川清秀（茨木城主）らが、光秀軍の動きから山崎が決戦の地となることを予見して、いち早く要地である天王山の制圧を果たしてしまったからである。

光秀軍はこの要地を奪回すべく同山へ進攻を試みたのであるが、あえなく撃退されて終わった。この天王山を秀吉方に抑えられてしまったことによって光秀軍の命脈は尽きたと言ってよいであろう。今日も用いられる、決戦の時を表す「天王山」の慣用句の由来はこのようなものであった。

一次史料としての天王山

高柳光寿氏の研究以来、天王山を先んじて秀吉側が抑えたが故に山崎の合戦の勝利を決定づけたとする点について、それを裏づける第一次史料、すなわち当時の書状や記録が無いことから、それを俗説と退けているのだが如何なものか。筆者は、天王山に関する第一次史料は存在していると指摘したい。それは他ならぬ天王山そのものである。

史料は文書・記録などの紙を媒体とする文字史料だけではない。考古遺物や遺跡も、そして地形や景観もまた史料である。[20]地形や景観が当該事件の発生した時と同様の姿を今日に伝えている限り（つまり今日の地形や景観が事件当時にほぼその形で存在していたと推定される限り）、それらはまぎれもなく当該事件に関する第一次史料なのである。河川の流れや海浜の形状は、時代による変化が激しいのであまり使えない。しかし山は、その植生を別にするならば、その高さ、位置、大きさの点で安定性が高く、当該事件の発生時点との同一性を保存しているケースが多い。

山崎の地の狭隘さは、天王山と淀川の流路との関係によって決まる。淀川の流路は、今日とは少し異なっており、淀川の流れを作る、桂川・宇治川・木津川の三川の合流点が今日よりは上流の淀の地の付近にあった。しかしながら、依然として天王山が淀川方面に張り出してくることによって山崎の地の狭隘地形が形成されていることは疑いない。しかも当時はこの方面には沼が点在しており、通路はさらに狭められていた。このような地形を見たとき、天王山を先んじて制圧することが戦術上、決定的な意義を有する点については論を俟たないと考える。

六月十三日、羽柴秀吉の本隊が到来し、決戦の火蓋が切られた。秀吉軍は自己の手勢の他に畿内にある織田家臣たちの軍勢をも糾合して二万六千余という兵数を揃えていた。これに対して光秀軍は本能寺の変の時の兵数である一万数千を保持するのがやっとであった。

秀吉軍の構成は以下のとおり。[21]先鋒は高山右近の率いる兵二千、第二隊は中川清秀の兵二千五百、第三隊は池田恒興の兵四千、そして秀吉の本隊の兵一万。さらにその後続部隊として、神戸信孝の率いる兵四千、丹羽長秀の兵三千などがあり、秀吉軍の総計は二万六千余にのぼった。

これに対して光秀軍は以下のとおり。先鋒は斎藤利三の率いる兵二千、第二隊は阿閉《あつじ》貞秀らの兵三千、そして光秀の本隊は、右翼に藤田行政・伊勢貞興らの兵二千、中央に光秀に直属する兵五千、左翼に津田信春・村上清国らの兵二千によって構成され、さらに天王山方面の支隊として並河易家・松田政近らの率いる兵二千があり、光秀軍の総計は一万六千余であった。

兵数に圧倒的な差があったうえに、要衝である天王山を秀吉方に押さえられては勝ち目なかった。光秀軍は、天王山が押さえられてしまったことから、そこから大きく後退した円明寺川(現・小泉川)のラインに布陣せざるを得なかった。これでは山崎の隘路を抜け出て広く展開した秀吉方の大軍と、まともに対峙することになってしまう。それ故に、戦いは短時間のうちに決着がつくこととなる。光秀は退却して勝竜寺城に入った。

それより夜陰にまぎれて同城を出で、桂川を越えて対岸の伏見方面に至り、そこから東山連峰の裏手に延びる山科街道に沿って進み、山科を経て近江の坂本城を目指して落ち延びようとした。しかしその途中、小栗栖の地(京都市伏見区)で落ち武者狩りに遭い、土民の竹槍で致命傷を負って終わったことは人もよく知るところである。

注

(1) 高柳前掲『明智光秀』。近年でも谷口研吾『明智光秀』(洋泉社、二〇一四)、小和田哲男『明智光秀・秀満』(日本評伝選、ミネルヴァ書房、二〇一九)、諏訪勝則『明智光秀の生涯』(歴史文化ライブラリー、二〇一九)など、光秀の出自を清和源氏の流れを汲む美濃の土岐氏庶流とする見解は多い。

(2) 第一章注(9)参照。

(3) 小林正信『明智光秀の乱』(里文出版、二〇一四)五〇頁。

(4) 『多聞院日記』天正十年六月十七日条。

(5) フロイス前掲「完訳フロイス日本史」織田信長篇Ⅲ、一四三頁。

(6) 永禄一二年四月一六日付、明智光秀・木下秀吉等連署状[立入宗継宛](前掲『立入宗継文書』)。高柳前掲『明智光秀』二三頁。

(7) 小林前掲『明智光秀の乱』六二頁。

（8）『信長公記』巻八
（9）福島克彦『明智光秀と近江・丹波』（サンライズ出版、二〇一九）六七頁。
（10）『信長公記』巻一二
（11）天正七年四月四日付、光秀書状［和田弥十郎宛］（『新修亀岡市史』資料編・第二巻、二〇〇二）
（12）天正七年五月六日付、光秀書状［小畠助太夫ら三名宛］（『新修亀岡市史』資料編・第二巻、二〇〇二）
（13）『信長公記』巻一二
（14）『宗及他会記』（『増訂織田信長文書の研究』下巻、六六四頁）
（15）明智憲三郎『本能寺の変 四二七年目の真実』（プレジデント社、二〇〇九）
（16）「本城惣右衛門覚書」（天理図書館蔵）
（17）フロイス前掲「完訳フロイス日本史」織田信長篇Ⅲ、一四七頁
（18）高柳前掲『明智光秀』二四六頁。
（19）これは中世には「自焼没落」と呼ばれていた由である。ただし中世のものは、自分の屋敷を焼いて、戦闘決起の意思を明確にする行為であり、少しく意義を異にしている。なお盛本昌広『本能寺の変』（東京堂出版、二〇一六）一八〇頁以下、参照。
（20）拙著『近世武家文書の研究』（法政大学出版局、一九九八）
（21）参謀本部編『日本戦史・山崎役』（村田書店、一九七九）、高柳前掲『明智光秀』二四八頁、福島前掲『明智光秀と近江・丹波』一七六頁。

第三章　本能寺の変をめぐる諸説

この本能寺の変については、周知のとおり、その原因をめぐって実に多種多様な説が唱えられている。百花繚乱の観を呈していると言ってよいかも知れない。殊に光秀の単独行動ではなく、背後に彼を決起へと導いた黒幕的存在を想定する諸説があり、大いに議論を賑わせている。(1)

ここでは従来の説のうち主要なものについて、その妥当性を検討してみることにしよう。旧来の主要説としては、①光秀の単独行動説　②足利義昭黒幕説　③朝廷陰謀説　④羽柴秀吉関与説、などが挙げられるであろう。

一、光秀の単独行動説

本能寺の変の説明理由としては、徳川時代このかた、信長の光秀に対する度重なる理不尽な行為が原因とする怨恨説が最も標準的である。怨恨の原因についてもさまざまな見解がなされているが、さらに踏み込んで、光秀の天下獲りの野望にウェイトを置いて論ずるものもある。いずれにせよ、光秀の単独的行動として本能寺の変を捉えるものである。

怨恨説

怨恨にもさまざまな見方があるが、代表的なものとして以下のような諸説がある。

光秀は、武田征伐の戦勝祝賀のため安土城に参向していた徳川家康の接待係を信長から命ぜられていたが、それが突然に解任され、毛利攻めのための出兵準備が命ぜられた。その解任の事情とは、家康饗応に用意した魚が悪臭を放っていたことから信長の怒りを買ったがためという説である（『川角太閤記』）。

イエズス会の宣教師ルイス・フロイスが著した『日本史』は、彼が信長とも親交があっただけに、この時代の史実について信頼に足る資料となっているが、同書によれば、この家康の饗応役を務めていた時、信長と光秀は何事かをめぐって諍いとなり、光秀は信長から足蹴にされたということであった。(2) この家康接待の不手際がその理由であったろうか、あるいはまた他の何がしかの事情のあったことであろうか。

反乱の別の理由として挙げられるのが、毛利出兵に際して光秀の領地である近江国志賀郡と丹波一国は召し上げられ、敵地である出雲国・石見国を切り取り次第、すなわち実力で獲得できた敵方領地はすべて自分の領地として保有できるという信長の命令があったとする事である。

現有領地を召し上げておいて、あたかも猟犬をかりたてるようにして敵領国に攻め込ませるという信長の理不尽、暴戻のやり方に耐えかねて反逆におよんだとする説であり、『明智軍記』[3]や『絵本太閤記』[4]の伝えるところである。

あるいはまた、光秀が丹波国平定戦を行っていた時にその最大の障害をなしたのが、波多野秀治の一族であった。光秀は苦闘を重ねたすえに、ようやく波多野側と和議をとりむすぶ運びとなった。和議の証として光秀は自分の母（叔母とも）を波多野の八上城に入れ、波多野秀治らは信長に和議の挨拶をするために安土城に赴いたのであるが、信長はいとも簡単に和議を破棄して、波多野秀治らを磔刑に処してしまった。ために八上城に置かれた人質である光秀の母（叔母とも）は、城兵の手によって無惨にも殺害されてしまったということである（『総見記』[5]、『絵本太閤記』）。

しかしこの問題については第二章で詳しく見たように、波多野兄弟の降伏は、八上城の飢餓極限状態の中で、光秀側が城内将兵と通じて城主波多野兄弟を捕縛させたものであって、光秀が人質を入れて和議を取り結ぶような状況ではなかった。すなわち、右の人質の話は作り事であるということである。

焦慮説

光秀は織田家譜代の家臣ではない新参者であり、信長に仕えた期間も十数年ときわめて短期間であるにもかかわらず、家臣団の中で有数の重臣となった。これは光秀が有能であったこともあるが、信長個人の信認があってこそのことが大きい。ところが二年前の天正八年（一五八〇）には、佐久間信盛・林秀貞・安藤守就・丹羽氏勝といった重臣が大量追放されている。

このため信長の信認が揺らいだと考えた光秀が将来を悲観し、保身のために謀叛を考えるようになったという捉え方である。この説は前述の怨恨説や天下獲りの野望説と複合する要因として位置づけられるであろう(6)。

右の焦慮説ないし怨恨説に対しては、光秀の信長に対する報恩の念がひときわ高かったという事実が反証としてあがってくる。天正十年正月の光秀が催した新年茶会の席で、光秀は信長自筆の書を床の間に掛け、信長から拝領の八角釜を用いていたことが知られる。光秀の信長に対する忠誠心に、いささかの揺らぎも見られない(7)。

これらの事情を勘案するならば、光秀が単なる怨恨や焦慮だけで信長に対して謀叛を決行するかという点で疑義を残す。くり返し述べるが謀叛、主殺しは大罪の中の大罪であり、企てが事前に露見しただけで鋸引きの惨刑に処せられるような性格の行為なのである。

信長非道阻止説

明智光秀が本能寺の変を起こした動機を、信長の一連の非道行為に対して、これを打倒、阻止することを目的とするものであったとする説[8]。これを裏付けるものとされるのは、本能寺の変当日に西美濃の武将西尾光教に宛てた光秀の書状に「(信長・信忠)父子の悪逆、天下の妨げ、討ち果たし候[9]」とある。光秀自身が決起の動機ないし理由を語ったものとして重要である。

この場合、信長の非道としては以下のようなものが挙げられている。①正親町天皇への譲位強要、皇位簒奪計画、②京暦への口出し、③平姓将軍への任官、④太政大臣近衛前久への暴言 ⑤甲斐の武田攻めの折り、甲斐国恵林寺の快川和尚(紹喜)の焚殺、など。

①は、信長が猶子(名義上の子)としていた誠仁親王を即位させるために、正親町天皇に譲位を迫っていたこと。皇位簒奪というのは、本書でも詳述している信長の自己神格化という問題と関わっている。

②は朝廷でも用いていた京暦に対して、関東を中心に広まっていた三島暦(三島大社から頒布の暦)の採用を信長が主張していた問題。③鎌倉の頼朝以来、武家の征夷大将軍は清和

源氏の者が就任するのが慣例なのを、桓武平氏の姓氏を称する信長が就こうとしたこと。④甲斐の武田征伐の折り、同道していた近衛前久に対して信長が馬上から暴言を発したこと。⑤信長が甲斐の武田家を滅ぼした際、武田の関係者をかくまったという理由で恵林寺もろとも住持の快川紹喜を焼き殺してしまったことである。

しかしながら、この説に対しては、本能寺の変の後における細川藤孝の行動が問題となる。信長の非道の具体的内容として天皇と朝廷に対する圧迫という問題があるならば、それの阻止を目的とした光秀の行動は、朝廷や公家社会と深いつながりをもつ細川藤孝には好意的に受け入れられるはずである。むしろ藤孝の方が決起しなければならない筋合いの問題であろう。ところが事変が勃発するや藤孝は剃髪して信長の菩提を弔うと称して引きこもり、光秀の協力懇請にいっさい応じようとしなかった。

そもそも光秀は、信長の一連の非道、暴虐に対して批判的であったろうか。彼はそのようなことに関係なく、一貫して信長に対する忠誠心を失っていなかった。この点から、本能寺の変を非道阻止説で説明するには違和感を禁じ得ない。

四国問題説

一時期、ほとんど決定的であるとばかりに盛んに唱えられていた説で、信長の四国征伐を回避するために乱を起こしたとするものである。今日でもなお、有力説の一つとして数えられている[10]。

四国では、土佐国の長宗我部元親が明智家臣・斎藤利三と姻戚関係（元親の正室が利三の義理の妹）を結んでいたことから、光秀が仲介に立って長宗我部と信長との間で友好的統一を進めようとしていた。一方、敗走した阿波国の三好康長は秀吉と結んで、旧領の回復を目指した。長宗我部による四国統一をよしとしない信長は、天正十年（一五八二）二月、元親に対して土佐国と阿波半国のみの領有を認めることとしたうえで、元親に上洛を命じた。これを、元親が拒否したため、神戸信孝を総大将として四国征伐を行うという運びとなった。まず、三好康長が先鋒として四国に入り、六月三日には信孝、丹羽長秀らによる本隊が大坂より出陣する予定であった。まさに本能寺の変の翌日にあたっている。

右のような四国政策の変更は、斎藤利三を通して元親との間で調停工作を講じていた光秀の努力を無にするものであり、その立場を危うくするものでもあった。そこでこのような四国出兵が実行される前に、これを阻止すべく本能寺の変におよんだものとする見方である。

四国征伐問題が反乱の因子の一つをなしていることは否定できないであろう。しかしながら、これを主因とすることも妥当ではない。長宗我部と直接に利害関係を共有しているのは斎藤利三であって光秀ではないこと。信長の強硬策によって、融和策を推し進めていた光秀の面目が潰されたという点についても、長宗我部側が信長の融和提案である土佐・阿波国の安堵案を拒絶したことに伴う帰結であって、光秀の面目が失墜するといったような事態ではないであろう。

いくら下剋上の時代とはいえ、毒殺のような暗殺の形ならばともかく、正面切っての直接の主殺しとなればこれは別儀である。余程の理由や事情がなくては踏み切ることはできない。面子を失わされたとか冷遇されるかもしれない恐れというほどの理由で、決起に至るような性格のものではないと考える。

織田信澄と斉藤利三の存在

四国説には、実は大きな難点がある。それは光秀の女婿であった津田（織田）七兵衛信澄の存在である。彼の父は信長の弟であった織田信勝（信行）である。第一章に見たように信長と織田家の家督を争った信勝は信長によって殺された（信長自身の手で殺害されたとも言われている）。幼子であった信澄は命を助けられたが、信長が父の仇であることに相違ない。そしていま光秀の女子をめとってその婿となっている。つまり、どこから見ても今回の反乱の中心に位置するような人物である。その信澄は、神戸信孝に従って四国征伐に進発すべく大坂城（信長の大坂城）にあった。

つまり光秀の反乱が、四国征伐の阻止を目的とするものであったならば、同時に信澄に四国渡海軍に対して何らかの阻止行動を起こさせる必要があったということである。しかし信澄にそのような行動はまったく見られなかった。また光秀から何らの連絡も指示もなかったと考えられる。信澄は本能寺の変の報告を聞いて動揺するばかりで、数日間、何らの行動も取れていなかった。そのうちに六月五日のこと、信孝と丹羽長秀の側から、信澄は光秀の一味に違いないと見なされて襲撃を受け、あえなく討ち取られている(11)。

仮に光秀の決断が出陣間際のもので、事前に信澄に計画を伝えられていなかったとした場合でも、次のような手立てがある。光秀軍が亀山を出発して老ノ坂を越え沓掛の地に着いた時、同地より南下して山崎・高槻そして大坂方面へ至る分岐道があるのだから、そこから使者を派遣して信澄に指示を伝達することは無理なくできることなのである。つまり、神戸信孝らより先に決起の情報を伝えられるのである。

さらに言うならば、斎藤利三の動向が問題となろう。四国問題が本能寺の変の主要原因であったならば、斎藤自らが大坂に赴かねばならなかったはずである。斎藤が手兵の三千も引き連れて大坂に行き、織田信澄と合流したうえで神戸と丹羽の四国渡海を阻止する行動に出るのが当然であろう。沓掛の分岐点は、このような行動を取るのにまたとない場所であった。光秀はここで軍勢を止めて兵士に兵粮を使わせていたのであるから、斎藤がここから中国毛利方面への先遣隊と称して、手兵を率いて南下していっても怪しむ者はいなかったであろう。

だが実際には、光秀が信澄に使者を派遣してその行動を指示することもなければ、斎藤が手兵を率いて大坂に向かうこともなかった。光秀も斎藤利三も、四国討伐軍のことをまったく顧慮していなかったことが、これらの事実に示されているのである。

これらの単独行動説に対して、近年、さまざまな形で本能寺論をにぎわせているのが黒幕論である。光秀の反乱決起は彼自身の動機によるのではなく、何らかの背後的な人物ないし組織の意向にそって行われたと想定するものである。これには以下のような諸説がある。

二、足利義昭黒幕説

信長によって京を追われ、毛利氏の庇護下に備後国鞆の浦に居住していた足利義昭が、旧家臣である光秀に命じて信長を打倒し、京に帰還して将軍政治を再興しようとしたとする説である(12)。

この説の根拠となったのは本能寺の変の直後に、義昭が小早川隆景の家臣である乃美宗勝に送った御内書に「信長を討ち果たす上は」という表現があり、義昭が信長討ち果たしの主語となっていることである。

また変の直後に、光秀が紀州の雑賀衆へ送った書状に「上意馳走申しつけられて示し給い、快然に候[13]」と、将軍足利義昭から雑賀衆に対して協力要請があった旨が記されており、光秀がこれを快然と表現していることから、光秀の背後に足利義昭が存在したとするものである。

義昭が信長憎しの立場から、各地の大名に信長打倒を呼びかけ、また反信長戦線の形成をたびたびにわたって画策していたことは既に見てきたところからも明らかであり、その限りでは義昭黒幕説というのは合理的であるかに見える。

しかしながらこの説に対しては、義昭を庇護していた毛利が本能寺の事変を知らなかったこと、また変の事前であれ事後であれ、光秀の決起行動に連動した行動が毛利方にまったく見られないことなど、義昭主体の陰謀であったとするならば説明不可、という矛盾が指摘されている。

光秀が義昭の意向に従って決起したのであれば、彼の行うべき次なる行動は義昭の京都帰還のための態勢整備でなければならない。そして毛利もまた義昭を擁しての上洛という運びになるはずである。そしてこのような室町政権再興にとって最大の障害となるのが、いま毛利の眼前にある秀吉の軍勢であることもまた火を見るよりも明らかではないか。秀吉を見逃して、光秀打倒の戦いに赴かしめるということは、義昭が最も希求する京都帰還と室町政権再興の企図をすべて無にすることに他ならない。

毛利が秀吉軍の中国大返しを見逃しにしたという事実は、本能寺の変が義昭主導のものではなかったことの動かすべからざる証左なのである。秀吉軍の背後を脅かして、秀吉を姫路あたりに釘付けにして、光秀が政権を堅固に樹立するまでの間、反光秀勢力を牽制することは毛利の側が、最低限行わなければならない支援行動となるはずだったからである。

三、朝廷陰謀説

足利義昭黒幕説よりも現実性の高いと見なされているのが、正親町天皇を中心とする朝廷が光秀を反乱に導いたのではないかとする説である。[14] ただこの朝廷黒幕説の場合には、中心となる黒幕として、正親町天皇・誠仁親王、あるいは近衛前久等の公家衆のいずれを主体とみるかについて意見が分かれているが。

日ごとに権力を増し、天皇も朝廷をもその意のままにあやつっているかに見える信長に脅威を抱いた朝廷は、信長をその秩序体系の中につなぎとめるために、天正十年（一五八二）に「いか様の官にも任ぜられ」（どのような官位も望みのままに与える）と記された誠仁親王の親書（誠仁親王御消息）を送る。

一般に「三職推任問題」として知られているもので、征夷大将軍、関白、太政大臣のいずれの官職でも、信長の望み次第に授与するという朝廷側の申し出であった。しかしながら信長は、親書を届けに安土まで赴いた使者に明確な返答をしないままに、すげなくこれを京へ追い返してしまった。

朝廷陰謀説の根拠はここにあり、「三職推任問題」をめぐる信長の対応をみて、朝廷側が信長に対して不気味さを覚え、信長はいずれ朝廷を滅ぼす意思を持っているのではないかという恐怖にかられていたという事情である。光秀が、信長・信忠を討った後、天皇御所に参内し、金品を下賜されているという事実も、この朝廷陰謀説を感じさせるものとなっている。

朝廷陰謀説としては、この他に準備されていた安土行幸に対する恐怖があったであろうことが指摘される。(15) 安土城の本丸には、天皇を迎える「御幸の間」と呼ばれる御殿のあったことが『信長公記』巻一五には記されている。そしてその構造については以下のように具体的に叙述されている。

それは安土城本丸の天主の下に位置する江雲寺御殿と呼ばれた殿舎の一つとしてあり、「檜皮葺、金物日に光り、殿中悉く惣金なり。(中略)金具所は悉く黄金を以て仰せつけられ、斜《なな》粉《こ》をつかせ、唐草を地ぼりに、天井は組入り、上もかがやき下も輝き、心も詞《ことば》も及ばれず。」

そしてさらに「正面より二間の奥に、皇居の間と覚しくて、御簾の内に一段高く、金を以て瑩《みが》き立て、光り輝き、衣香あたりをはらひ、四方《よも》に薫じ、御結構の所有り」と天皇の玉座についての描写がある。「皇居」とは今日言う建物としてのそれではなく、「天皇の座する所」という意味である。

そしてこの天皇の御座所については更に「東へ続いて御座敷、幾間もこれあり、ここには御張付、惣金の上に色絵にさまざまかかせられ」と、金色に包まれた豊麗な様態が描写されている。『信長公記』の筆者太田牛一は、実際に信長自身による案内でこの「御幸の間」を拝見したと記しているから、この描写は彼の実見に基づく信憑性の高いものである。

そして近年の安土城内の発掘調査によって、この御所の存在が確認された。そしてその平面構成が天皇御所にある清涼殿と同型であることが確認をされている。

三職推任問題

これは信長が安土行幸のみならず安土遷都を、さらに言うならば天皇と朝廷とを安土城内に囲い込むことを構想していたことを予想させるものである。あたかも、西洋中世においてフランス国王がローマ法皇を自領内のアビニヨンの地に取り込んでしまった(「アビニヨン捕囚」)のに酷似した手法である。まさかキリシタン宣教師たちから、そのような知恵をつけられた訳でもあるまいが。

安土城の構造から眺めるに、天皇御殿は美麗を究めたものであることは事実であるが、その位置が問題となる。信長の安土城天守というのは本丸より一段高い位置に聳え立ち、その巨大な構造は琵琶湖周辺から一望できるほどであった。つまり本丸に建てられた天皇の行幸御殿というのは、それがいかに見事な造りであろうとも、その頭上に巨大な天守が聳え立つという関係になっているのである。天皇御所は、天守の信長から見下ろされる形になる。

天皇行幸の行在所の下見分に京都からやってきた見分使一行は、この光景を目のあたりにして腰を抜かさんばかりに驚愕したことであろう。「見事な出来栄えであろう、ミカドによろしくお伝えありたい」と上機嫌に語る信長を前に、見分使一行は青ざめて返答もそこそこに京都へと走り帰ったことであろう。

復命の言葉は、安土に行幸をした暁には、どのような恐ろしい事態が待ち受けているか想像もつかないといったものであったろう。信長はいったい何を考えているのか、見分使たちの復命を聞いて、恐怖に凍てつく朝廷であったかと思われる。

そこで「三職推任」問題が浮上してくる。[16] 信長が、右大臣を辞任したのちは朝廷の官位体系から離脱をしている（位階の「正二位」は保持していたが）ことは、いかにも不気味なことであった。

そこで関白、征夷大将軍、太政大臣の三官職のいずれであれ就任することを求めたのである。三職提示は信長側から持ちかけたという説もあるが、ならば三職就任問題でわざわざ安土城まで来た朝廷の使者に対して、返答を留保して手ぶらで京都に帰らせたという事実と整合しない。三職推任はやはり朝廷側からの発意と解すべきではないか。所司代の村井貞勝あたりからのサゼッションがあったにしても、やはり朝廷側からの発意と捉えるのが自然であろう。

朝廷の深い憂慮

これに関連して興味深い指摘がなされている。[17] それは信長は、天皇御所に正式に参内することが一度もなかったという事実である。御所の普請の見回りで訪れることはあるが、天皇と正式に対面して杯を賜るという形をとることはなかった。それは信長といえども天皇と直に対面した場合には、信長は天皇の下座に座することを余儀なくされるのであり、信長はそれを嫌って参内を怠ったのだろうというという解釈である。

これは正鵠を射た見解と言うべきであろう。この観点を導入することによって、信長が朝廷の一切の官職から離脱したことの意味を諒解することができる。そしてそうであるならば、信長が朝廷官職の体系から離脱した状態は朝廷にとってはなはだ不気味なものであったろうし、それ故に朝廷官職の最高に位置する太政大臣、関白、征夷大将軍のいずれかを信長に提示して、信長を朝廷官職の体系の中に引き留めようと努力したことも首肯できよう。

そしてそれにもかかわらず、信長がその最高級の職位の提案に対しても受諾を拒んだという事実を目のあたりにした時、朝廷が深い憂慮に包まれたであろうことは想像するにあまりある。

近衛前久黒幕説

さらに次の有力な根拠もある。朝廷世界の実力者である前関白の近衛前久《さきひさ》その人が、世上では今回の事変の黒幕ではないかと疑われていたという事実である。そのような世上のうわさに対して、公家の勧修寺晴豊はその日記に「非拠《ひきょ》、事の外なり」(18)と記して、それを根拠の無いことだと主張していることから知られる。世間は彼を黒幕と噂しあっていたということである。この黒幕説は、その当時から高いリアリティーを有していた黒幕説であった。

それは一つには、如上の朝廷の信長に対する恐怖の状況があった。そして本能寺の変である。信長が本能寺で討たれたのち、明智軍は嫡男信忠を討つべく二条御所を攻囲した。しかし京市中に分宿していた信長の馬廻り衆たちも事変を聞きつけて信忠の下に馳せ参じてきたために、明智軍も攻めあぐねた。そこで光秀は鉄砲隊を二条御所の隣家の屋根の上にあげて、そこから二条御所内を狙撃させたことは前述したとおりである。ために信忠も負傷し、観念した信忠方は御所に火をかけて自刃して終わった。こうして信忠も討たれたのであるが、実は、明智鉄砲隊がその屋根にのぼったという隣家の主こそ近衛前久その人であったということである。

近衛黒幕説はこのようにして広まることとなり、織田信孝や秀吉からも疑われ追及される始末となる。いたたまれなくなった前久は嵯峨へ身を隠し、さらには浜松の家康を頼って京を出奔したほどであった[19]。

このように状況的にはかなり蓋然性の高い朝廷陰謀説である。自余の黒幕説に比した場合、筋の良い黒幕説とも言えよう。当時の社会において、すでに唱えられていたものだから。

しかしながら一つの明確な事実によってこれは否定されてしまう。それは他ならぬ、光秀に最も近い立場にある細川藤孝・忠興父子が事変の勃発を受けて、光秀との関係を絶ってしまったという事実である。

言うまでもなく、光秀の女子・玉（キリスト教洗礼名ガラシア）は細川藤孝の子息・忠興の正妻であり、明智家と細川家とは姻族として緊密に結びついた間柄である。しかして細川父子は光秀の女子を人里はなれた場所に隔離したうえで、信長の菩提を弔うと称して法体となり逼塞してしまい、光秀の協力要請を拒否した。細川父子に見限られた光秀に対して、自余の勢力が与同する余地はなくなってしまい、光秀没落の決定的な機縁をなしたのである。

もし朝廷・公家方面が反乱の企図者であったならば、このような行動はありえないということである。先述したように、細川藤孝は武将ながら古今伝授の継承者であり、当代きっての文化人として朝廷・公家世界において絶大な信頼を寄せられていた人物である。もし天皇制や朝廷が危殆に瀕している状況にあったならば、光秀以上に事態打開のために尽力しなければならない立場の人物であったと言ってよいであろう。

すなわち朝廷・公家方面の陰謀として本能寺の変があったとした場合、朝廷からは細川父子に対して光秀への協力指令が発せられるであろう。もし事前には事情を知らずして父子が剃髪、局外中立の立場をとっていたとしても、それを撤回させて光秀と連携すべきことを要請することであろうし、勅命とあらば細川父子はそれを拒むことはできなかったであろう。

のちの関ヶ原合戦の時のことであるが、東軍に属した細川藤孝は丹後田辺城を小人数で守って西軍を迎撃し、いっさいの開城要請を拒絶して徹底抗戦の姿勢を崩さなかった。しかしながら勅命講和の勅使が田辺に派遣されるや、藤孝はそれまでの頑な態度を一変させて勅命に服して開城退去したという事実がある[20]。

すなわち本能寺の変に天皇の意向や尊王の意義が介在していたのなら、藤孝はそれに逆らうことはなかったであろうということである。しかしながら、細川父子の行動には変の事前も事後も何らの変化を認めることはできず、剃髪、局外中立の姿勢は最後まで変わることがなかった。この事実は、一連の事態が朝廷問題を主要な動機として展開されたものではなかったということを証示している。

四、羽柴秀吉関与説

「中国大返し」の謎

秀吉をもって事変の黒幕とするか、少なくとも事変を事前に知りうる立場にあったとする説である。[21] 論者によってそのニュアンスを異にするが、いずれにしても秀吉はこの事変を事前に知っていたとするもので、その根拠としては、かの秀吉がやってのけた「中国大返し」という行動が挙げられている。

すなわち、本能寺の変ののち秀吉は、備中高松城をはさんで対峙していた毛利の軍勢と講和を結ぶや、異常な速さをもって反転東行して京都に迫り、事変より十日余の六月十三日、京都郊外の山崎の地において光秀軍に決戦を挑んで勝利を収めた。すなわち、秀吉の「中国大返し」と呼ばれる出来事である。

今も昔も同様であるが、軍隊の用兵において最もむつかしいのは退却戦である。基本的に

高松城攻囲戦

は槍と刀を主要武器として戦う当時の合戦では、双方がしのぎをけずって戦う正面戦では甚大な戦果——損害をもたらすということは通常ではない。ところが戦いの帰趨が明確となって一方が敗退を始めるや、この情況が劇的に変化していく。

敗退した側は算を乱して逃走をはじめ、勝利した側は背後からこれを追撃する。しかも追撃する側には馬を用いるという利点もある。敵に背を見せて逃げまどう敵兵を、馬でもって追撃し、馬上から槍で仕留めていくという図だから、これ程たやすい戦いもない。追撃する側の戦果、それはとりもなおさず敗退する側の損害であるが、それが甚大なものとなるのは言わずして明らかだろう。

退却戦の困難さ

かの長篠の合戦においても、武田方が壊滅的な損害を出したのは、やはり退却局面においてであった。逃げまどう武田方の軍勢は、あるいは討たれ、あるいは川に落ちて溺れ死に、総大将の武田勝頼すら行方知らずという壊乱の有様であった。

武田のからみで更にあげるならば、有名な川中島の戦い（第四次）がある。上杉謙信軍の猛攻を受けて武田方は本陣まで崩れ、信玄自身すら謙信軍の攻撃にさらされるという危機的状況に追い込まれていた。その時、武田別動隊が上杉軍の背後に迫り、それを知った謙信は全軍に総退却を命じた。これによって戦局は一変することとなり、武田方が追撃戦を執拗におこなった結果、上杉軍は数千名の死者を数えるに至った。この川中島の戦いが五分の引き分けに終わったという評価も、この退却時の甚大な戦果――損害を合算しての結果なのである。

このように退却戦の困難さということを自覚するならば、本能寺の変のときにおける秀吉部隊の撤退行動、いわゆる「中国大返し」の鮮やかさがいっそう際立ってくる。秀吉は事変の勃発を知るや、これを固く秘匿したうえで、ただちに毛利との講和交渉に入り、高松城主清水宗治の切腹を見届けた後、毛利軍との兵力引き離し作業を進め、頃合いを見計らって一気に急速撤退というか逃走へ転じるのである。

伝えられているところによるならば、秀吉は部下の兵士に対して甲冑・武具の重い物は投げ捨てて、褌一丁で逃げ走ることを命じたという。これすなわち、退却戦において敵方の追撃による被害が甚大であることを、いくたびの合戦の経験を通して知悉しているが故のことであった。

こうして秀吉の軍勢は毛利軍による追撃被害をこうむることなく無事撤退することに成功し、さらに織田方の友軍を糾合して山崎の地で光秀に決戦を挑み、これを撃滅して天下人への第一歩を踏み出した。この間、わずか七日ほどのことであった。

このように「中国大返し」が一人の被害も出すことなく、あまりに短時日で鮮やかに実現したのは、秀吉が事前に本能寺の変の生起することをうすうす感じ取っていたが故に他ならないという考えが生じてくることになる。それが更に昂じると、秀吉が光秀を謀叛決起に誘導した黒幕ということになっていくのであろう。

小早川隆景の配慮

しかしながら、この「中国大返し」の劇的な成功を根拠として立てられている秀吉黒幕説ないし事前察知説は、まさにそれが故に誤りであるということになる。何故か。

撤退、退却戦の難しさについては、すでにして明らかであろう。いま秀吉の立場に立って、本能寺の変に対する対応のあり方を考えてみよう。秀吉が仮に本能寺の変の勃発を事前に察知していたとするならば、あのような布陣——備中高松城を水攻めで包囲するとともに、これの救出に向かってきた毛利軍と相対峙するという態勢——は決して取りはしなかったであろうということである。これは本能寺の変の勃発を織り込んだ場合には、最悪の布陣になってしまうからである。

このような布陣は、事変の勃発ののちに光秀と一戦を交えるどころか、そもそも現在の自軍が殲滅の危機にさらされていることを意味している。毛利方に事変の勃発が知られたならば、秀吉軍は狼狽混乱の状態にあることが見透かされ、かつ秀吉軍は応援部隊の来ない孤立軍であると見なされる。毛利方からすれば秀吉軍を屠りさることのできる絶好の機会の到来となり、それ故に秀吉軍に対して総攻撃をしかけてくることになる。

この状態で毛利軍の執拗な追撃戦を受けた場合、秀吉軍は壊滅的な損害をこうむるか、あるいはそれを避けるためには付近の自然要害を探してそこに籠もり、追撃部隊に対して反撃応戦をするしかなくなる。光秀との決戦どころか、自軍の存亡に全力を摩耗しなければならない状態である。

いずれにしても秀吉軍は、このような状態に陥ってしまっては到底光秀との一戦に臨むべくもないのである。ところが現実には、毛利方の追撃がなされてない中で、急速撤退することができた。これは事変の情報が毛利方に届くのが遅れたという秀吉の好運と、よりいっそう重要なことには、毛利方大将である小早川隆景が追撃をあえて見送るという決断を下したことによるものである。

その理由の一つには、信長が倒れた今、信長の重要な後継者の一人と目すべき秀吉に恩を売っておくのも将来にとっての一計という深謀遠慮からのもの、しかしいま一つには、主君信長の弔い合戦に挑もうとする秀吉の行動に対する義気の発露、つまり武士の情けという観点からのものである。これらの思いが去来する中で、隆景は秀吉の東行逃走を見送ったのであろう。

事前に事変勃発を知らなかった秀吉

秀吉は終生、この時の隆景の処置に対する恩義を忘れなかった。彼が天下人になれたのも、ひとえに隆景がこの時の追撃戦を見送ってくれたが故である。秀吉政権の下で、小早川隆景が毛利一門を代表する形で、一貫して高い待遇を得ていたのはそれ故のことであった。

しかしそれは結果論の話である。つまり秀吉の中国大返しという大技が見られたのは、幸運と秀吉の機転の速さと、敵将小早川隆景の高い見識に基づく配慮によるものであって、全体としては僥倖と評さざるをえない性格のものである。

もし、秀吉が事変の勃発を事前に知っていたとしたならば、その方向転換の作戦はもっと違った形をとることになる。あのような僥倖に助けられるといった危険な行動をとるのではなく、秀吉にははるかに安全で確実な方途があったからである。

その要点は、この当時、姫路城が秀吉の持ち城であったという事実である。秀吉が、反転東行作戦を織り込んだうえで毛利攻めをするというのであれば、秀吉は姫路城を動くことなく、ここを本営として留まり、配下の武将たち――蜂須賀正勝や黒田孝高ら――を中国路へ送り込み、友軍である岡山の宇喜多隊と合同で毛利攻めを行わせる。そして前線で毛利勢と対峙の状態を作ったまま時日を過ごし、事変勃発の情報到来を待てばよいだけのことである。

事変勃発とともに秀吉はただちに東に軍を進め、毛利勢が追撃に入った時には、前線にいる秀吉の先鋒武将たちがこれを食い止めるという形になるであろう。反転撤退がきわめて困難で、戦死の危険性の高い前線に秀吉自身が出向いていくというのは、事前察知説であれ黒幕説であれ、秀吉関与の陰謀史観からしたときは根本的に矛盾した話でしかないということである。

信長横死という報が入るや、毛利勢が大攻勢をかけてくるのは必至である。のみならず、友軍である宇喜多勢とて、どのような寝返りの態度を示してくるか知れたものではない。宇喜多が寝返れば秀吉軍はもはやそれまでであろう。羽柴秀吉という人物は歴史に名を残すこともなく、空しく屍を野にさらしたままに消え去っていったことであろう。

ここまで本能寺の変の原因ないし動機をめぐる既往の研究の主要なものを検討してきた。以下の各章において、この事変に対する筆者の見解を提示したいと思う。

注

（1）これら諸説の紹介と分類については谷口克広『検証、本能寺の変』（歴史文化ライブラリー、吉川弘文館、二〇〇七）、桐野作人『織田信長』（新人物往来社、二〇一一）、柴裕之「明智光秀は、なぜ本能寺の変を起こしたのか」（日本史史料研究会編『信長研究の最前線』洋泉社、二〇一四）などに詳しい。併せ参照されたい。

（2）第一章 注（53）参照。

（3）『明智軍記』（二木謙一校注、角川書店、二〇一九）

（4）『絵本太閤記』（国民出版社、一九一九）

（5）『総見記』（物語日本史大系第七巻、早稲田大学出版部、一九二八）

（6）頼山陽『日本外史』（岩波文庫）では、信長からたびたび乱暴、打擲の振る舞いを受けたため、被害妄想から蹶起したとしている。谷口克広『検証 本能寺の変』では、天正一〇年当時の光秀の年齢が六七歳ときわめて高齢であったにもかかわらず、彼の嫡子である明智光慶が十代前半ときわめて若年であったため、自らの死後光慶が登用されないことを憂いて謀叛を決意したとする。諏訪勝則『明智光秀の生涯』（歴史文化ライブラリー、吉川弘文館、二〇一九）では四国説をとりながら、四国遠征阻止を目的とするというより、四国問題の失態から自分が佐久間信盛のように粛清されるのではないかという焦慮から蹶起したとされている。

（7）第二章注（14）。なおこの他に、光秀の信長に対する忠誠心を示した重要史料として「明智家中軍法書」（御霊神社蔵）がある。奇しくも蹶起の丁度一年前にあたる天正九（一五八一）年六月二日付で発布された同文書は、明智家中の軍陣における軍法を記したのち、家中の軍役を定めており、例えば知行五百石以上六百石以内ならば、甲（かぶと）の者一人、馬一疋、指物五本、鑓五本、のぼり一本、鉄砲一挺というように、知行百石から千石までを詳細に規定したものである。そしてその末尾の文章に「瓦礫沈淪の輩」すなわち石ころのようにつまらない身分であった自分を取り立ててもらい、莫大な軍勢を自分に預けられた上は、武勇の功績がなければ国家の費えであり、公務を掠めるというものだとしている。

しかしながら、同文書に対しては後世の偽文書ではないかとする疑義が提起されたことがあるので、本書でも本文で使用することは控えた。ただ現在では、同文書は光秀の真正文書とする見解が優勢である。

（8）小和田前掲『明智光秀・秀満』二一〇頁。

（9）天正一〇年六月二日付、明智光秀書状［西尾光教宛］（『武家事記』（原書房、一九八二）所収）。

（10）この説は今日の主流説の観があり、これを唱える研究者は非常に多い。谷口前掲『検証 本能寺の変』を参照。

（11）『多聞院日記』天正一〇年六月五日条、高柳前掲『明智光秀』二三五頁。

（12）藤田達生『証言、本能寺の変』（八木書店、二〇一〇）

(13) 天正一〇年六月十二日付、明智光秀書状〔雑賀五郷、土橋重治宛〕(『増訂織田信長文書の研究』上巻)

(14) 谷口前掲『検証 本能寺の変』一一四頁。

(15) 安土行幸の問題については、橋本政宣『近世公家社会の研究』(吉川弘文館、二〇〇二)参照。安土行幸が安土遷都を含みとすることについては、藤田前掲『証言、本能寺の変』。

(16) 朝尾前掲『天下一統』一四五頁。

(17) 藤井前掲『天皇と天下人』一五〇頁。

(18) 『天正十年夏記』六月十七日条(立花京子『信長権力と朝廷』岩田書院、二〇〇〇)

(19) 『兼見卿記』天正一〇年六月二十日条(『史料纂集』続群書類従完成会、一九七六)、谷口研語『流浪の戦国貴族 近衛前久』(中公新書、一九九四)

(20) 拙著『関ヶ原合戦』(講談社学術文庫)一〇六頁。

(21) 谷口前掲『検証 本能寺の変』一六一頁。

第四章　長篠の合戦

筆者が本能寺の変の重要因子とみなしているのが、かの長篠の合戦である。なぜ長篠の合戦が本能寺の変の因子となるのであろうか。以下、この点に留意しつつ長篠の合戦を詳細に分析してみたい。

一、兵農分離と足軽鉄砲部隊

足軽の用兵と質の違い

長篠の合戦における信長の勝利が、武田の強力な騎馬軍団に対して最新式の武器である鉄砲を大量に投入することでもたらされたものであることは、いずれの概説書にも説かれているとおりである。

たしかに長篠の合戦における信長の勝利が、千挺とも三千挺ともいわれる鉄砲の大量投入によってもたされたものであることは事実であるが、もう一段掘り下げて考えなければならないのが、その大量の鉄砲をあつかっている銃兵としての「足軽」の存在についてである。

当時、最新式の強力な武器である鉄砲については、いずこの大名でもこれに注目して導入し、軍団の最前線に弓の部隊と並ぶ形で配備して攻撃型戦力として用いていた。それは武田方においても同様であり、鉄砲と鉄砲をあつかう足軽の部隊も存在していた。

織田軍団のそれが他と異なっていた点は、一つには長篠の合戦において実際に見られたことであるが、その鉄砲足軽隊をめぐる用兵がまったく違っていたということ、いま一つはその足軽隊の質がそもそも根本的に違っていたというところにあった。

ここでは後者の問題から取り上げてみよう。

同じ足軽鉄砲部隊であっても、信長のそれが他のものと異なっていた一番大きな違いは、信長の足軽部隊は兵農分離制度による規定を経たのちに作り上げられたそれであったということである(1)。

足軽というのはどこでもそうであるが、その多くが半農半兵といった存在で、農村に居住して農耕にたずさわっており、もっぱら農閑期に大名領主たちの動員に応じて戦闘に従事するといった形をとっていた。このような状態を変革すべく信長は彼らに対し、自己の城下に居を移して専従兵士として働く者と、農村にとどまり農民として生活し年貢を納める者とを明確に分離する政策を打ち出した。「兵農分離」策と呼ばれる。

農業サイクルによる制約

これはいかにも信長らしい政策と言わなければならない。彼ら足軽たちが農村に根をもっている限り、彼らの活動は農業の自然サイクルによって左右されることになる。農閑期には他国他領への遠征にも従事するが、稲作の仕付けの時期が近づいてくると故郷の田畑を思いやって気もそぞろとなり、戦いどころではなくなってくる。

籠城する敵に対して長期にわたる包囲を行っているような状態の下では、農繁期が近づいてくると、彼ら足軽たちが浮き足立ってくる。逃亡兵も現れてくるなど軍隊としての規律が保てなくなり、結句、城の囲みを解いて撤退せざるを得なくなってしまうのである。

この点について、籠城戦を効果的に用いていた事例として挙げられるのが、関東に覇を唱えた小田原北条であった。草創期こそ関東平野を駆けめぐって征服戦争を展開した北条であったが、その領国が完成すると外敵とのはなばなしい会戦は避けて、守成の態度に徹した。

小田原北条にとって天敵とも言える存在が、越後の上杉謙信であった。もともとは越後国の守護代であった長尾景虎が上杉の苗字を名乗るようになったのは、関東管領であった上杉憲政が北条に追われ、関東をのがれて越後の長尾景虎を頼ったということによっていた。

こうした経緯で上杉の名跡を継ぐこととなった上杉謙信(「謙信」は出家してのちの号)であれば、小田原北条に対する攻撃は彼の使命のようなものであった。そこで越後国から遠征し、数次にわたって北条に合戦を挑んだのであるが、これに対して北条側はあえて戦わず、本城である小田原城に籠城して持久戦にもちこむ。

はたせるかな小田原城を包囲している上杉軍はしだいに兵粮にも事欠くありさまとなり、そして農閑期が過ぎて稲作の仕付けの時期が近づいてくると兵士たちも浮足だってきて、包囲戦を継続できる状態ではなくなってしまう。結句、さしたる成果もあげられないままに、空しく越後へと撤退するほかなかったのである。

もっとも謙信とても、このような展開は承知のうえで出兵しているといった気味も感ぜられなくはない。謙信は上杉憲政に対する義理合いから関東に出兵していたのであろうから、小田原城を包囲して攻撃の形をとったという実績を残せばそれで充分であったのだろう。そして永禄四年（一五六一）の小田原攻めに際しては、小田原城の包囲を解いたのち鎌倉へ移動し、鎌倉の鶴岡八幡宮の社頭において、京都から将軍の使者を迎えて関東管領職の就任式を執り行うなどといったことが見られた②。

弓矢厳しい上杉謙信からしてこの有り様、自余の武将は推して知るべしであろう。戦国騒乱と言っても実態はこのようなものであり、武将たちの軍事行動は農業の自然サイクルによって大きく制約され、時として牧歌的な気分すら漂わせていた。

専門戦士による常備軍

そしてこのような手ぬるいありさま様は到底、信長の容認するところではなかった。何事についても、容赦のない徹底性を求める信長にしてみれば、当時の武将たちの軍事行動を制約している自然サイクルの条件を克服して、意のままに自在に展開できる長期転戦能力を具えた常備軍団を構築することに努めるのは必然の流れであったと言えよう。

この観点から、信長は自己の家臣団を農村から切り離して、城下に居住することを義務づけた。天正六年(一五七八)のことであるが、安土城内に居住する弓衆の福田与一なる者が自己の宿舎から火事を発したことがあった。ところが取り調べをしているうちに、この者は単身赴任で安土へ来ており、家族は尾張方面の農村部に残していることが判明した。

さらに調べた結果、弓衆で六十人、馬廻りの者も六十人、あわせて百二十人の者が家族を在所に残したまま単身赴任していることが明らかとなった。これを聞いた信長は、彼らの在所の居宅に火をかけて焼失させ、その家族をことごとく安土城下へ移住させた(3)。信長は見つけ次第、足軽であれ騎馬士であれ、家臣たちの農村部における根を断ち切って、城下へと強制的に集住させていった。

信長はこのようにして、家臣団を城下に常駐する常備軍として編成していく。そして信長にとって特に重要なのは足軽部隊であるが、農村部から切り離して長期従軍能力を具えるにいたった足軽部隊に、強力な破壊力をもつ新兵器である鉄砲を合体させることによって、機動力に富んだ足軽鉄砲隊というものを大規模に編成し、これを軍団の基軸に据えていった。

兵農分離論への批判

もっとも、このような信長の家臣家族と家屋敷の城下集中を兵農分離策といったものではなく、家族を人質として確保するための策にすぎないといった指摘もある。(4)しかしながら前述の福田与一らの場合、懲罰として安土城下の道普請を課せられたのであるが、その行為が人質逃れであったとしたならば、その処罰が道普請ごときで済むことはなかったであろう。

さらに言うならば、信長は自己の家臣に、領民に対する「非分の課役」、すなわち不当な課税や労役徴発の禁止をくり返し命じている。(5)それが一向一揆など農民反乱の原因をなしているからである。そこから武士領主である家臣たちを農村から引き離して、城下に集住させる要請も生じてくる。

もとより本文で述べた、農業の自然サイクルから自由となった専門戦士による常備軍を作りあげるという要請は必須のものであった。確かに武田など戦国大名の下においても、城下町を形成しているところから、同様の傾向を有していたことは否定できないであろう。しかし信長の場合には、それを単なる社会的な趨勢としてではなく、明確な体系的施策として強力に推進していったところに独自の意義を認めることができよう。

堺の直轄地化——鉄砲と火薬——

さらに信長は外国貿易の窓口であり、当時の手工業生産の最先端にあった堺を直轄地とし、同地の豪商今井宗久の下に多くの鍛冶職人を編成することによって、良質で高性能の火縄銃を大量に調達しえた。また火薬の原料である硝石や、弾丸用の鉛もまた外国産であり、堺の外国貿易を通して安定的に入手することができるという地の利を有していたことも、信長にとって足軽鉄砲集団のウェイトを高めさせる条件をなしていた。

鉄砲と言い、足軽と言っても、それは信長に限ったことではないけれども、しかしながら信長が育成した足軽鉄砲部隊にはこれだけの機動的能力が具わっていた。それは他の戦国大名が有している、弓部隊の弓矢を単に鉄砲に置き換えたにすぎないような足軽鉄砲隊とは、その質においても、その戦力においても比べるべくもなかった。

信長の軍隊の戦力の高さは、もっぱらこのような高性能の銃砲を具備した兵農分離制軍団の機動性に基づいており、この新しい型の軍団、武士団編成をもって全国制覇を進めていく。そして、その能力がいかんなく発揮されたのが、かの長篠の合戦であった。

そして同時に信長はこの合戦において、彼がひそかに思い描く軍事的構想、そしてそれはとりもなおさず彼の目指す国家構想でもあったのだが、それの現実性を検証しようと試みていた。長篠の合戦とは、ただに宿敵武田勢力を打倒するための合戦であるだけでなく、信長が抱く新たな軍事＝国家構想の実現可能性を検証するために仕掛けられた壮大な実験場でもあったのである。

二、長篠城をめぐる攻防

長篠の合戦に至る経緯については第一章第二節に述べたとおりである。武田勝頼は天正三年（一五七五）四月、一万五千の大軍を率いて三河国に進出し、奥平貞能・貞昌（後、信昌）父子の守る長篠城を包囲した。

長篠城は甲斐国との境をなす奥三河に位置し、大野川（豊川）と寒狭川という二川の合流地点に築かれているために、西南と東南の方角は川が寄せ手の攻撃を阻んでおり、攻城側は北の方角からの攻撃に限定されてしまう。長篠城内の兵数はわずか五百ほどを数えるのみであったが、多数の鉄砲が城内に備わっていたことから、これでもって応戦し、一方向からの攻撃に事実上限定されている武田方の軍勢を苦しめた。

このとき家康のもとには信長から派遣された軍勢が集結しつつあり、信長自身も五月十三日には岐阜を出発して岡崎城へと向かっていた。

長篠合戦図屏風（犬山城白帝文庫所蔵）

織田・徳川軍の布陣

長篠の合戦と世上唱えられているけれども、実際に戦闘が展開された場所は同城の手前に広がる設楽ヶ原の地であった。それでこの戦いは「長篠・設楽ヶ原の合戦」と呼ぶのが正確であるが、本書では便宜的に「長篠の合戦」として表記する。

　さて設楽ヶ原は、その中間に連吾川という小川が横切る比較的狭小な平野であるが、周囲には丘陵地が幾つも連なっており、相手陣の深遠まで見渡すのが難しい複雑な地形をなしていた。

信長は自軍の最前線陣地に三重の馬防柵を設けるという防御体勢をとった。当時の日本としては異例の野戦工作である。信長側はここに事実上の「城」を築き、武田の騎馬隊を迎え撃つという形をとった。だが武田側は信長のとった戦術の意味を充分には理解できていなかったようである。そもそもこのような平原の会戦において、木柵を構築して敵に備えるといった戦法がはなはだ異例に属していたからである。武田方からすれば、信長陣地の柵は最強をもってなる武田騎馬隊の動き、特にその突撃能力を阻止するためにとら

れた小手先技ぐらいにしか映っていなかったのであろう。

つまりは戦いは通例の平原会戦の変形であり、騎馬戦法において劣弱な信長方に与えられたハンディーキャップの如きものと受け止められていたことであろう。当時の戦国武将ならば誰であっても、おそらく同様の見方をするであろう。

だが、信長がこの柵群に付与していた意味ははるかに深く、天才的であると同時に限りなく狡猾なものであった。その本性は戦いが開始され、そして時間が進むにつれて次第に明らかになっていく。

武田軍の動向

一方、信長到着の報を受けた武田陣営では直ちに軍議が開かれた。信玄時代からの重鎮たち、特に武田四天王といわれる山県昌景、馬場信春、内藤昌秀らは信長率いる大軍の出現を知って撤退を進言したけれども、勝頼が決戦を主張したために大敗を招いたと言われている。

これは敗戦後に武田軍大敗の理由を、勝頼の強がりや凡庸さに帰するために作られた物語の感がなきにしもあらずであるが、事実無根とも言い難い。まず老臣たちの撤退案であるが、信長の本軍が到来するとなると、織田・徳川の連合軍の兵数は武田方に対して倍数以上となり、圧倒的に不利となるが故のものである。彼ら歴戦の老巧者たちは戦うべき時には戦い、引くべき時には引くことを知っていた。

勝頼とても事態の不利なことを悟らぬでもなかったであろうが、不運なことに彼は偉大な父信玄の急死の跡を嗣いで間もなかった。今回の信長との一戦は、彼が家督を嗣いで始めて訪れた大戦であった。そのハレの大戦を迎えておきながら、おめおめと戦いもせずに撤退はできぬという威信にかかわる問題が横たわっていた。これは勝頼の心中を思いやれば、おのずから諒解できることである。信長の出現と聞いて逃げ帰ったとあっては、武田軍団を率いる彼の総大将としての権威が萎んでしまうことは避けられない。

勝頼としては敢えて信長と一戦を交えて、あわよくば武田騎馬軍団の威力をもってこれを蹴散らし勝利をおさめるか、あるいは不首尾に終わったとしても、存分に戦ったという実績を残したうえで撤収するという形を作りたかったのであろう。

馬場信春はなおも勝頼を諌めて決戦の危険を説き、ならば長篠城を無理攻めにでも攻め落として名目を立て、そのうえで撤退するという案を提示したが、勝頼は、城の無理攻めで兵を損ずるのであれば、信長との決戦で損ずる方がましではないかとして馬場の提案を退けた。ここに至って武田の家臣一同は覚悟を定め、信長との決戦に臨んでいく。

鳶の巣山攻防戦

武田軍が織田・徳川連合軍の到来を待ち構えていた五月二十日夜、家康の部将酒井忠次率いる東三河衆の他、織田軍の金森長近などの与力および鉄砲五百挺を持った足軽隊など約三千名からなる別働隊が、武田方に対して奇襲を企てていた。すなわち、この部隊は夜陰にまぎれるようにして進んで大野川を渡河し、翌日の夜明けには尾根伝いに進んで、武田方の長篠城包囲の要であった鳶の巣山砦を背後から強襲した。

鳶の巣山砦は、長篠城を包囲・牽制するために築かれた砦で、本砦と四つの支砦からなる強固な軍事施設であった。この種の砦は「付城《つけじろ》」とも呼ばれ、本格的な攻城作戦の時には構築される攻城側の攻撃拠点である。これは籠城側といえども、夜間などに機を見ては城外へ討って出て攻城側に打撃を与えることもあることから、攻城側にも堅固な陣地は必要である。さらには籠城軍を救援するために攻城軍の背後から迫る軍勢(これを「後巻《うしろまき》」という)の動きを監視し、その進撃を阻止するといった役割も期待されている。

鳶の巣山砦はまさにそのような役割をになった、武田方が長篠城攻略戦を遂行するうえで築造した重要拠点であった。ところが、この武田側にとって重要な拠点である鳶の巣山砦が、右の奇襲部隊によって落とされてしまった。同砦の陥落は、設楽ヶ原の本戦が始まった後の午前八時頃であった。

　これは武田方にとっては大きな打撃であった。味方の重要拠点を失ったばかりではなく、武田軍は正面に展開する織田・徳川の本隊のみならず、鳶の巣山砦および長篠城の軍勢という三方向から圧迫される事態に陥ってしまった。そしてさらに決定的なことに、酒井奇襲隊は敗走する武田軍を追撃し、有海村に駐留していた武田の支軍までも追い払って同地を占拠したことから、武田本隊はその退路が脅かされるという抜き差しならない事態に追い込まれてしまうのである。

三、決戦の経緯

　武田方は鶴翼の陣を構え、左右翼の兵が織田・徳川連合軍の背後へと展開して、これを包囲殲滅することを目指した。この戦法は兵力を分散することによる弱点をもたらすが、敵勢を首尾良く包囲しえたときには甚大な戦果を挙げうることから、乾坤一擲の勝負をかけるには向いていたと言えよう。

　すなわち武田軍の布陣は以下のとおり(6)。その右翼隊は穴山信君、馬場信春、真田信綱・昌輝兄弟、土屋昌続、一条信龍らの諸隊、すべての兵数三千。

左翼隊は武田信豊、山県昌景、小笠原信嶺、松岡頼貞、菅沼定忠、小山田信茂、跡部勝資、甘利信康、小幡信真・信高兄弟ら、兵数三千。

中央隊は武田信綱、内藤昌秀、原昌胤、安中景繁、和田業繁、その他、西上野国の諸士ら兵数三千。

武田勝頼の本隊もまた兵数三千をもって有海の西方に陣した。設楽ヶ原に展開した武田軍の総兵数は約一万二千。この他に、長篠城に対する抑えとして兵二千。鳶巣山砦の守備兵千。総て武田軍の軍勢一万五千であった。

これに対して織田・徳川連合軍の布陣は以下のとおり。信長の本隊は極楽寺山、嫡男信忠は天神山、織田信雄は御堂山にそれぞれ陣し、茶磨山には佐久間信盛、池田恒興、丹羽長秀、滝川一益らが、そしてこの四高地の東方には水野信元、蒲生氏郷、森長可、羽柴秀吉、不破光治らが備えた。兵数総計三万余。

徳川家康は織田軍に先立って設楽ヶ原に到着し、弾正山に本営を置いた。嫡男の信康は松尾山にあり、徳川諸士の大久保忠世、同忠佐、本多忠勝、榊原康政、石川数正、平岩親吉、酒井忠次、鳥居元忠、菅沼定利、高力清長、大須賀康高、戸田忠次らは弾正山の東に展開した。兵数合計八千余であった。

信長は武田隊の騎馬突撃による強襲戦法を警戒し、両軍の間に横たわる連子川にそって木柵を三重に張り巡らして武田方に備えた。長篠の合戦の帰趨を決することとなった主要因の一つである馬防柵の構築であった。

五月二十一日早朝、武田軍の側が動いて合戦が開始され、戦いは昼過ぎまで約八時間にわたって続いた。

この戦いについては、幸いなことに武田、織田、徳川の三者それぞれの立場から、この戦いを叙述した良質の戦記が残されている。武田は春日(香坂)虎綱の『甲陽軍鑑』、織田は太田牛一の『信長公記』、徳川は大久保忠教の『三河物語』である。

『甲陽軍鑑』は武田家の歴史を叙述した記録であるが、その執筆の動機は、他ならぬこの長篠の合戦であった。戦国最強を誇った武田軍団が、何故に一朝にして壊滅状態に陥らなければならなかったのか。その事情を求めて武田家の来し方と行く末を叙述したものであるだけに、この長篠の合戦の描写は入念である。著者の春日虎綱は同合戦に際しては、信州川中島にとどまって上杉勢と対峙の状態であったことから、長篠には行っていない。しかしながら、引き揚げてきた将兵たちから詳しく録取したところを反映していることから、『甲陽軍鑑』は武田側の立場から見た同合戦の姿をかなり忠実に示していると考える。

『信長公記』は信長の家臣で、同合戦にも参加した太田牛一による信長一代の伝記である。『三河物語』は幕臣大久保忠教《ただたか》(彦左衛門)の著述である。彼は長篠の合戦には参加していないが、同合戦で活躍した長兄・次兄である大久保忠世・忠佐らの談話を基に記しており、徳川の観点からした長篠合戦像を示している。

『甲陽軍鑑』の記述

長篠の合戦に関する『甲陽軍鑑』(下巻三二九頁)の記述は、以下のとおりである。(7)

一戦には皆武田方勝ち申し候、仔細は馬場美濃守、七百の手にて佐久間右衛門六千ばかりを柵の内へ追こめ、おひうちに二三騎討死申し候、瀧川三千ばかりを内藤修理衆、千ばかりにて柵の内へ追こみ申し候、家康衆六千ばかりを山県三郎兵衛千五百にて柵の内おひこむ、されども家康強敵のゆへ、又くひつき出る、山県衆は味方左の方へ廻り、敵の柵の木いはざる[結]右の方へおし出し、うしろよりかかるべきとはたらくを、家康衆みしり、大久保七郎右衛門てうのはの差物をさし、大久保二郎右衛門、金のつりかがみのさし物にて、兄弟と名乗て山県三郎兵衛衆の小菅五郎兵衛、広瀬郷左衛門、三科伝右衛門、此の三人と詞をかわし、追入れ、おひ出し九度のせり合いあり、九度めに三科も小菅も手負、引きのく、其上、山県三郎兵衛、鞍の前輪のはずれを鉄砲にて後《うしろ》へ打ちぬかれ、則討死《すなわちうちじに》(品五二)

これによるならば、武田方は戦いの初戦では勝利していたとされている。馬場信春は七百の手勢で織田方の佐久間信盛の率いる六千の軍勢と戦って、信盛方を柵の内へ追い込み、その追撃の中で武田方二、三騎の武士が討ち死にした。内藤修理は千の兵で滝川一益の三千と戦って瀧川勢を柵の内へ追いこんだ。山県昌景は千五百で家康方六千の兵を柵の内に追い込んだ。しかし家康は強敵なので、また柵から出てきて武田勢に喰いついてきた。

山県勢は左の方へ展開し、敵の木柵の終わりの右端のところを目掛けて進撃し、そこから敵の後方に廻りこんで攻撃しようとしたのであるが、家康側はこれを察知して、大久保忠世は蝶の羽の旗指物を指し、同忠佐は金のつりかがみの指し物を指し、兄弟と名乗り、山県昌景の家来である小菅五郎兵衛ら三人と名乗り合いをしたのち、柵をめぐって退却（追い入れ）、再出撃（追い出し）と九回にわたって攻防を繰り返し、九度目に小菅らは負傷して引き退いた。さらにその時、山県昌景は徳川方の放った銃弾が馬の鞍の前輪の端を打ち抜いて体に命中し、それで討死をした、とされている。

それに続けて『甲陽軍鑑』は、「その後、甘利衆も一せり合」「原隼人衆も一せり合」「跡部大炊助も一せり合」と記し、さらに織田・徳川連合側と「一せり合」を行った者として小山田衆、西上野小幡衆、典厩衆、望月衆、安中衆の名を挙げている。

この「せり合」というのは正攻法の馬上戦闘であろう。そしてこの騎馬戦はいずれも武田方の勝利となり、敵を冊際まで追い詰めていった。武田方の中央と左翼の軍勢は善戦を見せていた。

右翼は、真田信綱、同昌輝、土屋昌続の三者が、「上方衆は柵の外へ出ざる故」、柵に取り掛かって柵を破ろうとするけれども、柵一重を破ったところでいずれも討死に終わった。

馬場信春率いる七百の手勢も相次いで討たれて八十人を残すばかり。それでもなお信春は退却を拒んで戦い続け、壮絶な最期を遂げる。勝頼の旗本備えも、このような状況の下で退却に転じた、としている。

『信長公記』の記述

太田牛一の『信長公記』は同合戦を次のように記述している。(8)

まず、今回の戦いでは国衆（現地の領主）である家康の手勢が先陣を務めること。ただし、信長は家康に下知して、信長の下知次第に戦いを始めることについて確認をした。

次いで「鉄砲千挺ばかり佐々蔵介、前田又左衛門、野々村三十郎、福富平左衛門、塙九郎左衛門、御奉行として近々と足軽懸けられ御覧候」と。

すなわち信長は、佐々成政、前田利家、野々村正成、福富秀勝、塙直政の五人を鉄砲奉行に任じて鉄砲千挺ばかりを分担させ、信長自ら鉄砲足軽を彼らに配属する作業をされた。そして戦いは始められた、となる。以下の『信長公記』の記述については、第一章注（1）に記した池田家本「信長記」で適宜補充していく。その一つが信長が調達した鉄砲数であり、池田本では「千挺」の「千」の字の横に「三」と小さく補正がある。

一番　山県三郎兵衛、推《おし》太鼓を打て懸り来り候、鉄砲以て散々に打ち立てられ引き退く、二番に正用〔逍遥〕軒入れ替わりかかれば退き、退けば引き付け、御下知の如く鉄砲にて過半人数うたれ候へは、その時、引き入る也　三番に西上野小幡一党、赤武者にて入れ替わり懸かり来る、関東衆馬上の巧者にて是又、馬入るべき行《てだて》にて推太鼓を打て懸り来る、人数を備え候、身がくしとして鉄砲にて待ち請うたせられ候へは過半打倒され無人に成て引退く　四番典厩一党黒武者にて懸り来る、如此《このごとく》、御敵入れ替り候へども御人数、一首《ひとかしら》も御出し無く鉄砲計《ばかり》を相加え、足軽にて会釈〔池田本「あひしらひ」〕ねり倒され、人数をうたせ引き入る也、五番に馬場美濃守推太鼓にてかかり来る、人数を備、右同断に勢衆うたれ引き退く

すなわち、武田勢の一番は山県昌景の軍勢で、前進合図の太鼓を打ってかかってきた。しかし連合軍側の放つ鉄砲の激しい射撃の前に退却した。二番に武田逍遥軒（信廉《のぶかど》）が入れ替わって攻めてきたが、連合軍側は敵がかかってくると引き退き、敵が後退すると再出撃して

武田側を戦いつつ柵の方へ引き寄せ、そして信長の命令通りに鉄砲を発射して、逍遥軒の手兵は半分以上が撃たれたことによって退却していった。

三番は西上野小幡の一党で、赤備えの甲冑を帯して逍遥軒勢に入れ替わって懸かってきた。関東勢は騎馬戦法を得意としており、騎馬攻撃で柵を突破すべく攻撃合図の太鼓を打て懸って来る、連合軍の側は、設楽ヶ原の地形を利用して身を隠した鉄砲隊で待ち伏せ射撃したところ、小幡勢は半分以上が撃ち倒され無人に近い状態となって退却した。

四番は武田典厩の一党で黒の甲冑を帯して懸ってくる。このように敵は入れ替わって攻撃してくるけれども、連合軍の側は一人の騎馬武者も出すことなく、鉄砲ばかりを攻撃にあて、足軽だけで武田騎馬軍団の相手をして、武田勢はその足軽鉄砲隊の応戦につぶされてしまい、退却していった。五番に馬場信春が推太鼓を打ってかかり来たったが、右と同様にその軍勢も討たれて引き退いていった。

このようにして五月廿一日、日の出より昼過ぎの未刻まで、武田方は替わるがわる戦ったが、次々と討ち死にすることによって、次第に人がいなくなり、勝ち目なしと思い、鳳来寺の方面へと一斉に敗退していった。

以上が、『信長公記』の記すところである。

『三河物語』の記述

『三河物語』の記述は以下のとおり[9]。

合戦の全体を見た場合、「十万余の衆は作〔柵〕の内を出ずして、足軽ばかり出して戦ひけるに」とあって、織田・徳川軍の軍勢は柵の内にとどまり、足軽ばかりを柵の外に出して戦っていたとする一方、

「信長の手えは、柵ぎわ迄、おい付て、其よりは引て入り」とあって、信長の軍勢も一定程度は武田側と交戦し、そののち武田側が信長勢を柵際まで追い詰めると、織田の軍勢は柵の中へ引いて入ってしまった、と。

これに対して、「家康の手は大久保七郎右衛門尉〔忠世〕、同次右衛門尉〔忠佐〕、此の兄弟の者を指遣わされければ、兄弟の者共は、敵味方の間に乱れ入て、敵かかれば引き、敵退《の》けばかかり、多き人数を二人の采《ざい》に付て、とつて廻しければ」とあり、家康は大久保忠世・忠佐の兄弟を武田勢の前に送り出したところ、この大久保兄弟は敵味方の間で攪乱行動をとり、敵がかかってくれば引き退き、敵が攻撃をやめて引いていくと挑発目的でかかっていくなど、戦場の大人数を兄弟二人が采配をふるって動かしているが如くであった、と大久保兄弟の働きを描く。

そしてこれを見ていた信長は、「家康の手前にて、金の揚羽の蝶の羽と、浅黄《あさぎ》の石餅《こくもち》の指

物は、敵かと見れば味方、又、味方かと見れば敵なり、参て敵か味方か見て参れ」と家来に命じて家康の下に行かせたところ、家康は、二人の者は大久保忠世・忠佐という兄弟で当家の古参の家来である旨を答えた。

それを聞いた信長は「さても家康は、よき者をもたれたり、我はかれらほどの者おばもたぬぞ、此の者共は、よきかうやく〔膏薬〕にて有り、敵にべつたりと付て、はなれぬ」と称賛されたとのことであった。

さてこの間、武田方よりは「土屋平八郎、内藤修理、山方三郎兵衛、馬場美濃守、さなた源太左衛門など云、度々の合戦において其の名を得たる衆が、入替へ〳〵面《おもて》もふらず、責〔攻〕たたかいて黜《しりぞ》く事なき處に、此の衆は雨の脚《あし》のごとくなる鉄砲にあたりて場も去らず、打ち死」と記され、土屋昌続、内藤昌秀、山県昌景、馬場信春、真田信綱といった、たびたびの合戦で高名を挙げたほどの勇士が、入れ替わり入れ替わり、脇目もふらず突撃して退却するということがなかったが、これら者たちは、雨が降りしきるような鉄砲の玉にあたり、その場を去ることもなく討ち死していった。

これを見ていた武田勝頼は「是非もなき馬場美濃と山県三郎兵衛が打ち死のうへは合戦は見へたり」と思ったところ、その他の武田勢もことごとく討ち死にすることによって、壊乱状態の中で敗退していった、としている。

四、織田・徳川側の基本戦法

三著の事実認識の違い

設楽ヶ原の合戦を記録した三著であるが、そこには明らかな矛盾というか、事実認識における明確な対立がある。それは織田・徳川連合側の諸部隊の行動に関するものであり、『信長公記』が「御人数、一首《ひとかしら》も御出し無く鉄砲ばかりを相加え、足軽にて会釈」と記し、『三河物語』が「十万余の衆は作［柵］の内を出ずして、足軽ばかり出して戦ひける」として、戦いは足軽兵ばかりが柵から出で武田軍に対応し、通例の騎馬武者の部隊は柵から出なかったとしている。

これに対して、『甲陽軍鑑』では「一戦には皆武田方勝申し候、仔細は馬場美濃守七百の手にて佐久間右衛門六千ばかりを柵の内へ追こめ、おひうちに二三騎討死申し候、瀧川三千ばかりを内藤修理衆千ばかりにて柵の内へ追こみ申し候」と述べ、さらに「その後、甘利衆も一せり合」「原隼人衆も一せり合」「跡部大炊助も一せり合」と記し、さらに織田・徳川連合側と「一せり合」を行った者として小山田衆、小幡衆、典厩衆、望月衆、安中衆の名を挙げている。

この「せり合」というのは正攻法の馬上戦闘であろう。そしてこの騎馬戦はいずれも武田方の勝利となり、敵を柵際まで追い詰めていったとしている。

この甚だしい事実認識の懸隔は、どう解釈すればよいのであろうか。結果的に大敗を喫した武田側がその不名誉を癒すべく、曲筆して架空の戦闘模様を描いたのであろうか。その可能性はある。『甲陽軍鑑』の記者である春日(香坂)昌信はこの戦場にはおらず、帰還した将士たちの話を受けて記しているのであるから。しかし帰還兵は多数いるわけだから、それが誰かの作り話であれば、簡単に底割れしてしまうことであろう。

春日自身が曲筆したことも考えられるが、しかしそもそも長篠の合戦の大敗という経験を踏まえて、武田家の来し方、行く末を考究するという『甲陽軍鑑』そのものの本旨を自ら踏み外すということはないのではないか。『甲陽軍鑑』は長篠の大敗の反省から、虚飾と巧言を排して、事実を曲げずに、ありのままを尊重する姿勢を標榜しているのであるから、同書における長篠の合戦の記述が虚妄のものとも考え難い。

他方、鉄砲足軽以外には柵外へ出さなかったとする『信長公記』と『三河物語』であるが、その記述にも矛盾が認められる。

『三河物語』には「家康の手は大久保七郎右衛門、同次右衛門、此の兄弟の者を指しつかわされければ、兄弟の者共は、敵味方の間に乱れ入て、敵かかれば引き、敵のけばかかり」と大久保忠世・忠佐兄弟の活躍が記されている。しかも彼らに対する信長のコメントとして、「さても家康は、よき者をもたれたり、我はかれらほどの者おばもたぬぞ、此の者共は、よきかうやく（〔膏薬〕）にて有り、敵にべつたりと付て、はなれぬ」の言があった由である。

すなわちこれらの記述から戦場では、一、敵と味方とが混戦の状態にあったこと　二、家康配下の大久保兄弟が敵に密着して戦い、挑発的行動をくり返しおこなっていたこと　三、信長の部下には大久保兄弟のような執拗な戦いぶりをする者はいなかった、等々の事実が導き出される。

これらの情報から導き出される先述の矛盾に対する合理的な解としては、以下のものがありうるだろう。すなわち、織田・徳川連合側の騎馬武者の部隊は、戦いの初戦においては、通常の合戦であるが如くに出撃していたであろうこと。しかしながら、これらは一通り通常の騎馬戦を遂行したのち、敗退した躰で自軍の柵内へと引き退く。そして敵の騎馬部隊が追撃してきたところを、柵の付近に布陣していた足軽鉄砲隊が一斉射撃をして相手を打倒するという戦法が見えてくる。

『信長公記』に、「一番、山県三郎兵衛、推《おし》太鼓を打て懸り来り候、鉄砲以て散々に打ち立てられ引き退く、二番に正用〔逍遥〕軒入れ替わりかかれはのき、退けば引き付け、御下知の如く鉄砲にて過半人数うたれ」と記されているのがそれである。連合側の騎馬部隊は事実上の囮《おとり》部隊ということになるであろう。

それによって、『甲陽軍鑑』の示す、武田側は初戦では通常の騎馬戦で勝利して敵を柵際まで追い詰めたという認識と、『信長公記』と『三河物語』が語る、織田・徳川軍で柵の外で戦っていたのは足軽部隊ばかりで、騎馬武者の部隊は柵内にとどまって出撃しなかったという相反する認識が、事実上、合致することになろう。

織田・徳川方の騎馬武者部隊の出撃のなかった点については、『甲陽軍鑑』にも、右翼の真田信綱、同昌輝、土屋昌続の三者は、「上方衆は柵の外へ出ざる故」、柵に取り掛かって柵を破ろうとするけれども、柵一重を破ったところでいずれも討ち死したと記しているところからも裏付けられる。

大久保兄弟の囮出撃

右に見た偽装の囮出撃という点に関しては、さらに次の点も指摘できる。それは家康部隊における大久保兄弟の活躍である。敵味方の混戦の中、大久保兄弟は敵に喰らいついていき、敵が攻めてくれば引いて柵際へ引き寄せ、敵が引けばまた喰らいついていくという執拗な挑発行動を繰り返していた。

信長が大久保兄弟を称賛して、自己の部下にはそのような粘っこい振る舞いのできる者がいないと嘆いていたということは、信長の配下からも敵を挑発して柵際の足軽鉄砲部隊の所へ誘引すべき役割の武士が戦場に送り込まれていたことを物語っている。すなわち『信長公記』に、「かかればのき、退けば引き付け、御下知の如く鉄砲にて過半人数うたれ候」とあるのがそれであろう。

このように織田・徳川連合側からは本格的な騎馬武者の部隊の出動は止められていたが、武田方を挑発して柵際の鉄砲部隊の射程範囲内まで誘引する囮出撃はなされていたということである。中でも家康麾下の大久保兄弟の働きは目覚ましく、信長の賞詞にあずかったということは、それが正に信長の狙いを十全に実践していたということを意味しているわけである。

この囮出撃による敵の誘引と、戦場の地形を利用して随所に身を隠して待ち構える足軽鉄砲部隊による一斉射撃という新戦法こそ、この設楽ヶ原の戦いにおける信長の狙いであった。天才的であるとともに、限りなく狡猾な！

実は『三河物語』には記されていないのであるが、大久保兄弟の活動について『甲陽軍鑑』にはより重要な記述が見られる。それは武田軍最強の武将である山県昌景の討死の場面である。大久保兄弟は「山県三郎兵衛衆の小菅五郎兵衛、広瀬郷左衛門、三科伝右衛門、此の三人と詞をかわし、追入れ、おひ出し九度のせり合いあり、九度めに三科も小菅も手負、引きのく、その上、山県三郎兵衛くらの前輪のはずれを鉄砲にて後《うしろ》へ打ちぬかれ、則討死《すなわちうちじに》」と。

つまり『甲陽軍鑑』によれば大久保兄弟が喰らいついていたのは山県昌景の部隊であり、大久保兄弟がこの山県部隊に対して挑発の往返行動をくり返しているうち、九度めの誘引でついに山県勢が徳川鉄砲部隊の射程内に入って負傷するとともに、その時、馬上の山県昌景に銃弾が当たって、その場に討ち死にをしたということであった。

武田軍の騎馬戦法

この戦いに限った話ではないが、近年この種の騎馬戦闘に疑問を呈する意見が多くて、研究がやや混乱している感がある。

すなわち、当時の日本のポニー様の小型の馬では足も遅くて馬上戦闘に向かないこと、馬は四十キロからする甲冑を着した武士を運搬するのが主たる役目であり、実際の戦闘では馬から下りて、徒立ちで槍をふるうという形が一般的であったとする見解である。

この見解にはもっともなところもあり、また実例としてかの関ヶ原合戦の戦いぶりなどを見ても、たしかに武士はおしなべて馬から下りて徒立ちで戦っているのは事実である。しかしながら、この関ヶ原合戦における事例をもって、当時の戦法に一般化できるかについては妥当とは言い難い。

平山優氏が指摘するように、馬上戦闘を行っている事例もまた多々存在するからである。[10]

馬上で双方が組み討ちをして、そのまま地上に落ちて相手を仕留めるという中世以来とられてきた伝統的な戦い振りは、依然として健在である。中世以来、駿馬、名馬が希求されてきたのも、騎馬戦法が合戦の主軸であったことを物語っている。単に運搬用かパレード用の駄馬を得んがために、万金を投じるなどということがありえようか。

何よりもこの長篠の合戦に先だって家康が家臣に対して送った書付に、武田方は「馬一筋に入り来るべく候[11]」にと指摘し、設楽が原に馬防柵を設けたという事実は、武田軍団の騎馬突撃戦法の存在を雄弁に物語っているであろう。

もとより騎馬の部隊といっても、近代の騎兵部隊のような純然たる騎馬兵だけからなる騎馬部隊ということはなくて、一騎の騎馬士はその周囲に与力や若党・中間といった自己の従者を引き連れての進軍であり、それらの集合体としての騎馬部隊ということである。しかし、そのような形であれ、強大な戦力としての騎馬部隊が存在していることも事実である。

武田の騎馬隊が騎上のままで敵陣に突撃することは、太田牛一の『信長公記』にも、関東武者は騎馬の戦いが巧みであるからという記述があることからも裏付けられる。そして同時に、この『信長公記』の記述が示唆しているいま一つの事実は、西国武士、上方武士は騎馬戦法がさして巧みではなかったという事情である。つまり当時の武士が騎馬戦法をとっていたか否かという問題ではなくて、東国と西国・上方とでそのスタイルを異にしていたということなのである。

関ヶ原合戦のスタイル

戦場近くまでは馬上で行進するけれども、戦場に到達するや馬上から降り立ち、槍をひっさげて敵陣に向かうというのは西国・上方系の武士の戦いぶりを表している。例えばかの関ヶ原合戦を見たとき、東西両軍の武士は戦場手前で馬から降り、供の者に馬を預けたうえで、自らは槍を持って敵陣に立ち向かっていくのである。この戦闘様式は東西両軍の武士に共通しており、そこから馬上では戦わない戦国武士というイメージが醸成されていくのであるが、これは関ヶ原の戦場で戦っていた東西両軍の武士の大半が、ともに豊臣系武士、つまり上方・西国の武士であったという事情によっているのである。

すなわち関ヶ原合戦というのは豊臣と徳川との闘いである以上に、豊臣政権の内部分裂という要素が著しく、家康の率いる東軍の中味も純徳川軍であるよりも、むしろ家康と同盟を取り結んだ豊臣系武将たちの軍勢がその主力を構成していたということなのである。関ヶ原合戦における東軍の前線配備を見た時、松平忠吉と井伊直政の二隊のみが徳川系であり、残りは豊臣系の武士によって占められていたというのが実情であった(12)。西軍は当然にも上方・西国系の武士である。関ヶ原合戦の風景は、上方・西国系武士たちの合戦スタイルの表出であったということである。

それ故に関ヶ原合戦の形をもって、当時の合戦の形態を代表しているとするような認識は差し控えなければならない。東国系の武士が合戦に際してとる行動形態は、やはり基本的に騎馬による突撃の馬上戦法であった。そして武田武士のそれは、中でも騎馬戦法の総本山的な位置づけがなされていたということである。

織田・徳川側の鉄砲使用法

長篠の合戦において、武田の騎馬攻撃に対して、織田・徳川側が鉄砲攻撃でこれを撃滅したというのは昔から言われてきたところである。そして用意した三千挺の鉄砲を千挺づつ三段式の輪番射撃で攻撃したとも。

しかるに、近年の見解は当時の火縄銃の性能や射手の技能からして、千挺づつの斉射は不可能であり、これは後代になって創作された話であろうとして否定される傾向にある。そしてそこから、同合戦における鉄砲の戦力的意義そのものについても、控えめにとらえるべきだという論調が支配的である。ただし、動員された鉄砲の数量が千挺〜三千挺と大量であったという認識においては一致しているようであるが。

しかし同合戦における鉄砲の戦力的意義が控えめであったなどと言えるであろうか。もう一度、『信長公記』の表現を見てみよう。

　かかれはのき、退けば引き付け、御下知の如く鉄砲にて過半人数うたれ候へは、その時、引き入る也　三番に西上野小幡一党、赤武者にて入れ替わり懸かり来る、関東衆馬上の巧者にて是又、馬入るべき行《てだて》にて推太鼓を打て懸り来る、人数を備え候、身がくしとして鉄砲にて待ち請うたせられ候へは過半打倒され無人に成て引退く　四番典厩一党黒武者にて懸り来る、如此《このごとく》、御敵入れ替り候へども御人数、一首《ひとかしら》も御出し無く鉄砲計《ばかり》を相加え、足軽にて会釈

この通り、『信長公記』によるならば、同合戦における鉄砲の威力は圧倒的なものとして描かれている。

さらにその鉄砲の射撃状態について、『三河物語』は次のように記している。

「土屋平八郎、内藤修理、山方三郎兵衛、馬場美濃守、さなた源太左衛門など云、度々の合戦に合付けて其の名を得たる衆が、入れかへ〳〵おもてもふらず、責めたたかいて黜《しりぞ》く事なき処に、此の衆は雨の脚《あし》のごとく成る、鉄砲にあたりて場もさらず、打ち死」

武田方武将が入れ替わり入れ替わり、遮二無二に向かってくるけれども、雨が降りしきるような鉄砲の玉に当たって、討死を遂げていったと。この雨が降りしきるような鉄砲の玉という表現は、大量の鉄砲が放たれているという状態としても見られるかもしれないが、ただそのような単純な射撃法であると、火縄銃では必ず空隙が生じてくる。

武田側が鉄砲で撃たれて甚大な被害を出しながら、入れ替わり入れ替わり遮二無二に向かっていくのは、その空隙の瞬間をとらえて一気に敵陣に攻め入るという気概を示している。鉄砲を使うのは　信長に限ったことではない。武田自身もふくめてどこの大名家でも開戦劈頭は両軍とも鉄砲を発射している。それであっても武田の騎馬軍団は、それに真っ向から突撃して相手を蹴散らしてきたという経験を有している。

しかしその突撃戦法を繰り返しても織田・徳川方の鉄砲攻撃を突破できなかったということは、その射撃法が、間断なき連続射撃法を採用していると解する他はないであろう。三千挺の鉄砲を千挺づつの三段撃ちという形をとらずとも、以下のような現実的な方式が想定しうる。

織田軍の鉄砲数と攻撃法

太田牛一の『信長公記』には、設楽ヶ原の決戦に使用された鉄砲数に関しては「一千挺ばかり」（別本には「三千挺」とも）、そして鳶の巣山攻撃の別働隊が「五百挺」と記されている。そして設楽ヶ原に持ち込まれた一千挺の鉄砲は、佐々成政、前田利家、野々村正成、福富秀勝、塙直政の五人の奉行によって差配されたとしている。

してみれば、この五人の鉄砲奉行がそれぞれ約二百挺の鉄砲を管轄し、二百挺の鉄砲を保有する鉄砲部隊を指揮するという形が考えられる。もちろん鉄砲の割り当てが均等ではなく、部署の重要度にしたがって不均等になっていることも考慮しなければならないだろうが、ここでは均等と見なして検討する。

五人の鉄砲奉行は武田方のとった鶴翼の攻撃陣形に備える形で、五手の方面に配置されることになるであろう。すなわち、五手の各方面に二百挺の鉄砲を保有した鉄砲部隊が配備され、それぞれの鉄砲奉行の指揮を受けるという形をとることになるだろう。

この場合、一人の鉄砲奉行の号令のもと二百挺の鉄砲がいっせいに発射されるという形もありうるかも知れないが、現実的な観点からは果たして妥当な鉄砲使用であろうかという点に疑念がる。二百挺の鉄砲による一斉射撃は華々しいであろうが、実戦闘においてどれほどの意味をもつであろうか。火縄銃の宿命である弾丸の装填時間の長さという点を考慮するならば、このような射撃方法は敵を呼び込むだけであって、むしろ不適切な鉄砲使用であるということは容易に理解できよう。火縄銃の弱点である銃弾の装填時間の長さ、すなわち射撃間隔の長さをいかに克服するか。それが問題であった。

この問題の解決法として、よく言われるのが鉄砲の三段撃ちという射撃法であり、それが長篠の合戦で採用されていたか否かが議論されているのであるが、実はそもそも「三段」撃ちでは問題の解決にならないのである。射撃そのものは一秒で完了するであろう。すなわち、「三段」撃ちを採用した場合、鉄砲の射撃は三秒で終わってしまう。少し間をとって三秒ごとの発射としたところで十秒ほどで撃ちつくしてしまう。しかしながら火縄銃の火薬と銃弾の再装填と発射準備の時間を考慮するならば、次の射撃までには三十〜六十秒を要する。それ故に、「三段」撃ちという射撃法は、そもそも問題の解決になっていないのである。

それでは、どのような方策が考えられるであろうか、検討《シミュレート》してみよう。武田の騎馬軍団が入れ替わり立ち替わり、遮二無二に突撃をくりかえしても、雨の降り注ぐような銃弾を浴びせかけられて撃退され、相次いで討ち死にしていくという鉄砲の射撃法とは、どのような形が想定されるであろうか。

いま一手の鉄砲を二百挺としたが、それらの一斉射撃ではなくて、時間差を設けて発射することによって間断なき射撃が実現できる。例えば、六挺づつの鉄砲を一秒間隔で順に発射した場合、約三十秒で一巡することになるが、この三十秒で第一番目の組の銃弾装填が完了し、二回目の射撃が可能となる。これによって、五手の各方面で六挺の鉄砲の銃弾が止むことなく敵に対して浴びせかけられることになる。全体五手では三十挺の鉄砲が間断なく武田方の騎馬軍団に対して発射されていることになる。文字通り、雨の降りしきるがごとき銃弾の威力である。

いま銃弾の再装塡時間を三十秒ほどとしたが、これが二十秒で足りるならば、一手十挺、全体で五十挺の鉄砲が間断なく火を噴くことになるし、総鉄砲数が千挺ではなく三千挺であったとすると、百五十挺の鉄砲が、設楽ヶ原の戦場において止むことなく連続発射されていたことになる。その破壊力がいかに凄まじいものであったか想像に難くないであろう。

火縄銃のメカニズム

火縄銃の弾丸装塡時間について。火縄銃の射撃方法と弾丸装塡の方法は以下のとおり[13]。最初の一発発射したのち、銃身内に残った火薬のカスを掻き出す。残したままに次の射撃に入った場合は銃が破裂する恐れがある。火薬のカスを掻き出すために、カルカと呼ばれる細い棒が銃身の下に装着されている。銃身内を掃除したのち、鉄砲火薬(玉薬)を適量分だけ入れ、次いで鉛の玉を入れる。しかしそのままで射撃した場合には鉛の玉が不安定で、空撃ちになる恐れがある。そこでまたカルカでもって鉛の玉を火薬内に押し込めて安定させる。次に銃身の横につけられている火皿に導火火薬を入れ射撃の準備態勢に入る。これで鉄砲の引き金を引くと、火縄が火皿の導火火薬に点火し、それが銃身内の本火薬に点火することによって銃弾が発射されるという仕組みである。

これら火薬と銃弾の再装填《リロード》による射撃の間隔は三十〜六十秒ほどを要することになる。この間隙が火縄銃の弱点であり、攻撃側はこの間隙をついて突進することになる。この火縄銃の射撃間隙を埋める手立ての一つは弓矢による射撃である。弓矢による射撃は速射による連続射撃ができる点で有効であり、そこから鉄砲と弓矢とのコンビネーション射撃法が考えられ、それは寧ろ一般的な使用法と見てよいかも知れない。実際、長篠合戦屏風にも、それは描かれている。

しかしながら、弓矢は射程距離と殺傷能力の点で火縄銃の比ではない。本文にも記したことだが、騎馬によって突進してきた敵部隊に対して鉄砲の一斉射撃を加えたところ、馬上の武士がことごとく撃ち落されて消えてしまったと『信長公記』に記されている。鉄砲の打撃力、殺傷力の凄まじさをまざまざとみせつけた瞬間であった。鉄砲のパワーに着目した信長であれば、彼が鉄砲を主たる攻撃武器として使用すること、そしてその弱点である射撃間隙を埋めるべく射撃と再装填《リロード》とを交替で行うローテーション型射撃法を取り入れることは不可避であったと言えよう。

ちなみに、弾丸と火薬の装填を簡便、迅速にするために、一発分の弾丸と適量火薬をセッ

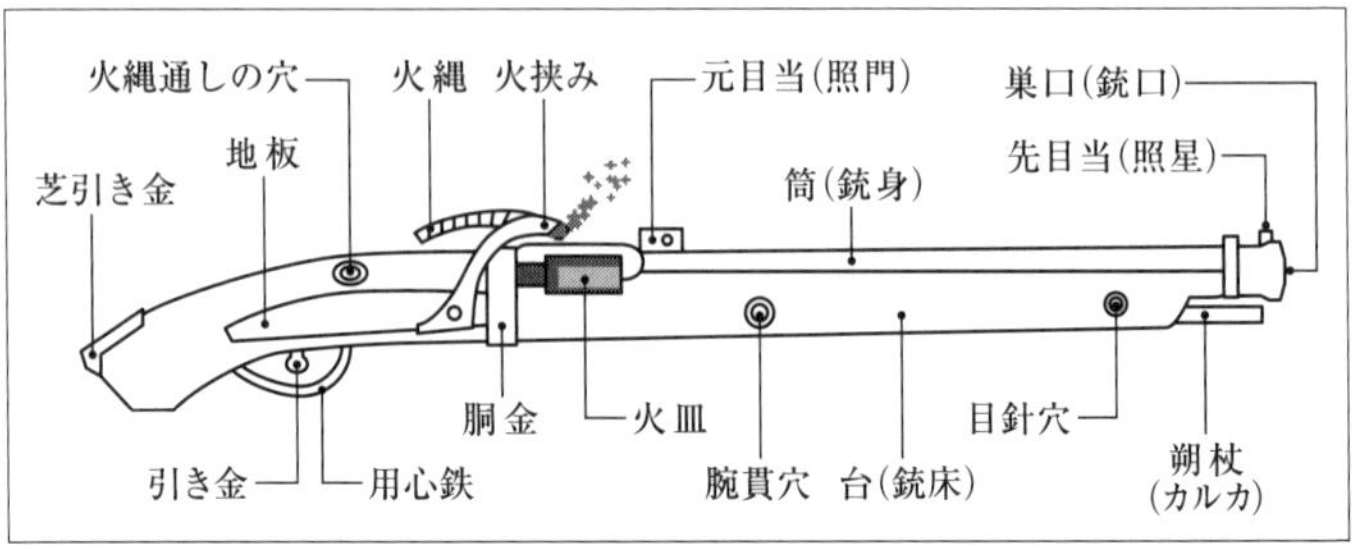

火縄銃図

トにして細い筒状にして紙で封じた「早合《はやごう》」と呼ばれる弾薬包が開発される。一回射撃したのち、銃内の火薬カスを取り出して、早合の頭の紙を破って弾丸と火薬を同時に装填し、カルカで突き固めて、ただちに射撃態勢に入る。早合を使用した場合、射撃間隔は20秒ほどに収めることができる(14)。

慧眼の主にして前例なき新規の試みに何のためらいも覚えない信長が、このようなローテーション型の鉄砲戦術に思い至らないはずがないであろう。鉄砲という極めて強力な新兵器に異常な関心を示した信長なればこそ、その武器のもつ弱点についても知悉していたわけであり、その射撃間隔の長さという、戦場における致命的な欠陥を克服するための工夫をあれこれと巡らしていたことだろう。信長は長篠の合戦を前にして、あれこれと思案、工夫を凝らしていたと『信長公記』は語っている。

通常の鉄砲射撃において、火縄銃特有の弾薬装填時間の長さ、すなわち射撃間隔の長さという欠陥がそれほど問題とならなかったのは、信長以前においては最前線の射撃武器としては弓矢が主力武器であって、鉄砲の比重がそれ程に高くなかったことによる。そして鉄砲が前線の主力武器となった段階においても、鉄砲の射撃間隔の長さという欠陥は、弓矢という古典的な武器がその空隙を埋めることによって回避できるとみなされていた。弓矢はその射程距離においても、相手にダメージをあたえる打撃力においても鉄砲に遠くおよばなかったけれども、速射性という点において鉄砲の弱点を補う補助的武器として依然として有効であった。

さらに重要な点は、鉄砲であれ弓矢であれ、所詮これらの飛び道具は戦いの第一ステージを担当する武器にすぎず、一通りの撃ち合いで相手の陣形を崩した段階で役目を終え、後続の槍部隊なり騎馬隊なりの登場となって戦場は打物戦へと移行していくのであるから、鉄砲の弱点については、それほど深刻には受け止められていなかったというところもあるであろう。

これらの事情から、火縄銃特有の機能的欠陥については、掘り下げて検討されることもなく打ちすぎていた。つまりここに信長の卓越した閃きが見られるわけであって、信長は鉄砲のもつ弱点を右のような中途半端な形で弥縫するのではなく、全面的に鉄砲という武器を採用し、かつ足軽鉄砲部隊を主軸として平原の会戦を制するという新戦術を案出し、かつその有効性を長篠の合戦という実戦において実証しようとする態度を示していたということである。

武田軍の退却

武田軍は善戦したけれども、いずれの攻撃方面においても、織田・徳川軍が周到にはりめぐらせた木柵のラインによって進撃をはばまれ、そして間断なく発射される鉄砲の餌食となってその場に倒れていった。

左右両翼において、武田の精鋭部隊が潰されていくという信じがたい光景がくりひろげられた。その後も、武田方は騎馬部隊を繰り出して攻撃を繰り返すも、織田・徳川方の鉄砲部隊と馬防柵とによる防衛ラインを突破することができず消耗戦を続けるのみであった。

攻撃側が力戦を繰り返しながら攻めあぐねて攻勢の止んだとき、それは敗退の到来を意味する。すでに勝ち目がなくなり、かつ敵方の大軍による総攻撃の迫っていることを恐れた武田方の将兵たちはパニックに陥り、統制を乱して戦場離脱を始めたことから武田方は総崩れの状態となった。

これを見た織田・徳川軍は敗走する武田軍に対して一斉に追撃戦を開始した。今まで柵内に留め置かれていた織田・徳川の騎馬武者が一斉に出撃して、敗走する武田勢に襲いかかっていく。これがために武田軍は数千人を数えるほどの犠牲を出すに至った。

戦死者の数もさることながら、戦死者の中味がいっそう深刻であった。すなわち織田・徳川の連合軍の側には戦死者に主だった者が見られないのに対し、武田軍では武田四天王と呼ばれた山県昌景、馬場信春、内藤昌秀の三将をはじめとして、山県昌景、馬場信春、内藤昌秀、土屋昌続、原昌胤、真田信綱・昌輝、望月信永、市川昌房、甘利信康、横田康景、安中景繁、和田業繁、河窪信実、三枝昌貞、米倉重継、土屋貞綱という錚々たる将士が相次いで討ち死しており、武田方はほとんど壊滅と呼んでさし支えないほどの大敗となった。

信長が戦勝を細川藤孝に報じた五月二十六日付けの書状には次のようにある。(15)

去る廿一日の合戦の儀に付きて、申し越され候、相聞ゆる如くに候、即時に切り崩し、数万人討ち果たし候、四郎〔武田勝頼〕の首は未だ見ず候、大要は切り捨て、河へ漂い候武者若干の条、その内にこれ有るべき歟、何篇、甲・信・駿・三の軍兵さのみ残るべからず候、近年の鬱憤を散じ候、連々申し候如く、京都幷江・越の儀に付きて、手前取り紛れ候刻、信玄入道表裏を構え、旧恩を忘れ、恣の働き候ける、四郎もまた同前〔ママ〕に候、是非なく働き、何時も手合に於ては、この如く太利をうべきの由、案に違わず候、祝着に候、この上は小坂〔大坂本願寺〕一所の事、数に足らず候、頓《やが》て上洛すべく候間、なお面の時を期《ご》し候、恐々謹言、

五月廿六日　　信長（黒印）

長岡兵部大輔〔細川藤孝〕殿

すなわち去る五月二十一日の合戦においては敵の武田軍を撃破して数万人を討ち取った。しかし武田勝頼の首はそこには無かったが、河へ逃げ込んで漂っている武士が若干あったので、勝頼はその中にいたのかも知れない。ともかく武田領の甲斐・信濃・駿河・三河の軍兵はさして残ってはいないだろう。

近年の鬱憤を晴らした思いだ。前々から申していたように、京都（足利義昭）ならびに近江（浅井長政）や越前（朝倉義景）のことで自分が対応に苦慮している時に、武田信玄は二心を抱き、旧恩を忘れて恣の行動に出た。勝頼もまた同然の行動をなしたが、このように自分が大勝を得るということは思っていたとおりのこと。目出度いことである。このうえは敵対勢力はただ大坂の本願寺ひとつであり、ものの数ではない。すぐに上洛するつもりであるので、さらに会ったうえで話したく思っている、と。

信長の勝ち誇った肉声が聞こえてきそうな文面である。このように武田方の敗退は目も当てられぬほどに惨憺たるありさまであったということであろう。

勝頼は辛うじて戦場を離脱し、わずか数百人の旗本に守られながら信州の高遠城まで退却した。しかしそこから先へ進んで甲府に帰還することができず、立ち往生の状態となってしまった。

このとき信濃川中島の海津城にあって上杉勢力と対峙していた春日（香坂）昌信は、味方危難の報を得るや、上杉謙信に和を請うたうえで、その配下部隊一万を率いて高遠まで救援に駆けつけ、勝頼は春日の部隊に護衛される形でようやく甲斐国へ帰還することができたということである。

軍制構想の実験場

この長篠の合戦には、その天才的な閃きにおいても、舌を巻くような狡猾さにおいても、信長という人物の卓越性がいかんなく発揮され表現されている。そして戦国最強とうたわれた武田騎馬軍団を壊滅に追いやった、その鉄砲戦術の鮮やかな勝利は、信長神話をいやが上にも高めることとなったであろう。

長篠の合戦は、信長にとって一つの実験場であったと先に述べたが、ローテーション方式の鉄砲戦術の有効性を確認することが、本合戦において試みられた実験の一つであった。だがそれに留まらず、より戦略論的な観点においても長篠は信長にとって実験場であった。

それは、平原の会戦において鉄砲部隊だけでもって敵軍を制圧しうるとする構想の実験場でもあり、軍制論のレベルにおいては伝統的な騎馬士ではなくて足軽鉄砲部隊を軍団編成の基軸とする新しい軍制構想の正しさを確認するための実験場であったということである。

なぜそのように極論できるかというと、他ならぬ『信長公記』に、長篠の合戦では「御敵入れ替り候へども御人数、一首《ひとかしら》も御出し無く鉄砲ばかりを相加え、足軽にて会釈」とあるように、信長方の騎馬士を中心とする軍勢は馬防柵の内にとどまって出ず、鉄砲隊などの足軽部隊ばかりが武田方と応戦していたとするが故である(16)。

確かに、信長が騎馬武士の出撃を差し止めたのは、このあとに続く石山本願寺との戦いのためにそれを温存したのだという面もあるかも知れない。しかし武田側と八時間も戦いながら、開戦劈頭の出撃はありながら、その後はまったく騎馬武士の出撃がなかったことを見るならば、それは充分に作戦上の配慮であったと解さなくてはならないであろう。『信長公記』には、長篠の合戦における戦術は「御案を廻らされ」「御賢意を加へられ」てのこととあり、信長が熟慮を重ねて考案したものであることが記されている。

つまり信長は、長篠の合戦において単に大量の鉄砲を用いて勝とうとしただけではなく、むしろ足軽鉄砲部隊だけで武田のような最強軍団に対しても勝利を収めうるということを実証しようとしていたということである。それ故に、信長は騎馬士を主体とする伝統的な攻撃戦力の出撃を禁じて、柵の内にとどめおいた。

騎馬戦士が戦闘に参加してしまっては、足軽鉄砲部隊の純粋戦力を評価できなくなってしまうからである。信長は、足軽鉄砲部隊だけで平原の大規模会戦を制することができるということを、この武田という最強軍団を相手にまわして、実践、実証しようとしていたのである。何という無謀な！　しかしこのうえなく卓抜な！

織田・徳川連合軍の騎馬士たちが本格的に出撃したのは、敗色が明らかとなった武田方が戦場から撤退を始めてからであった。今まで馬防柵の中にいて、戦況をただ見守るだけであり、そして時おり囮の出撃をして武田勢を馬防柵までおびき寄せる役割しか果たしていなかった連合軍の騎馬士たちは、今や柵を出て敗走する武田勢に対して一斉におそいかかった。織田・徳川方鉄砲部隊によって既に痛めつけられていた武田勢は、敗走する中で連合軍の追撃を受けておびただしい数の損害を出すこととなった。文字どおり壊滅的な打撃をこうむることとなったのである。

信長にとって長篠の勝利は単に宿敵の武田を撃破したというだけでなく、信長が入念に考案した革命的な戦法の勝利であり、その有効性の確認であったという意義を有している。信長の試みは、おそらくは予想をはるかに上回る規模で実証されたということであろう。

注

（1）　朝尾前掲『将軍権力の創出』三頁。なお兵農分離論をめぐっては平井上総『兵農分離はあったのか』（平凡社、二〇一七）を参照。

（2）　矢田俊文『上杉謙信』（日本評伝選、ミネルヴァ書房、二〇〇五）

（3）『信長公記』巻十一。福田らは懲罰として安土の道普請を命ぜられている。
（4）平山優『検証 長篠の合戦』（吉川弘文館、二〇一四）一九〇頁。
（5）天正三（一五七五）年の「越前国掟」を始めとして、信長関連の領民支配法令に共通して見られる。
（6）参謀本部編『日本戦史・長篠役』（元眞社、一九一〇）。長篠の合戦をめぐっては、高柳光寿『長篠之戦』（春秋社、一九六〇）、小和田哲男監修・小林芳春編『徹底検証長篠・設楽原の戦い』（吉川弘文館、二〇〇三）、鈴木眞哉『鉄砲隊と騎馬軍団──真説・長篠合戦──』（洋泉社、二〇一〇）、藤本正行『再検証 長篠の戦い』（洋泉社、二〇一五）、本多隆成『徳川家康と武田氏』（吉川弘文館、二〇一九）などを参照。
（7）『甲陽軍鑑』（新人物往来社、一九七六）下巻、品五二、三二九頁。
（8）『信長公記』巻八、一八三頁。
（9）大久保忠教『三河物語』（『日本思想大系』26、岩波書店、一九七四）一二九頁。
（10）平山前掲『検証 長篠の合戦』一六〇頁。
（11）天正三年五月十八日付、徳川家康書状［石川数正・鳥居元忠宛］（中村孝也『改定増補 徳川家康文書の研究』上巻）
（12）前掲拙著『関ヶ原合戦』一五四頁。
（13）宇田川武久『鉄砲と戦国合戦』（歴史文化ライブラリー、吉川弘文館、二〇〇二）
（14）所荘吉『火縄銃』（雄山閣出版、一九六九）五一頁。
（15）天正三年五月二六日付、織田信長書状［細川藤孝宛］（『増訂織田信長文書の研究』下巻）
（16）天正三年八月一〇日付、武田勝頼書状［岡修理亮宛］に「信長、陣前に至り押し寄せ候ところ、陣いゝいゝ城を構え籠居候間、人数を入る、の砌、当手の先衆、聊か利を失候」（『真田家文書』下巻、長野市、一九八一）とあり、この点が裏付けられる。

第五章　信長の専制

――その自己神格化をめぐる問題――

一、絶対的忠誠と個人崇拝

信長の目指した政治体制

信長は他の戦国大名・諸国の武士領主そして一向一揆に代表される農民・土豪と戦う中で、天下支配を実現していくに際して不可欠となる政権構想を育んでいった。それは戦国大名的な政権のあり方から脱却し、新しい近世的な政治権力へと飛躍していくために重要な契機をなしていたと言うことができる。(1)

信長は一方では「力」に基づく政治を容赦なく繰り広げ、武士や農民の反抗に対しては、これを徹底的に弾圧することをためらわなかったのであるが、同時に永続的で安定した支配を実現するためには、力による弾圧だけでは限りがあり、彼らが信長の支配を受け入れる契機を醸成することが枢要と考えていた。彼らの心をいかに支配し、信長にいかに心服させるかが主要な課題であった。

信長の目指した政治体制の特色は、以上のような政治理念に基づいて、農民支配の観点から家臣団の意識変革を図るとともに、全武士領主を政治的・軍事的に領導する存在としての信長への絶対的忠誠と、さらには宗教的レベルでの随順を要求していた。(2)

第一章に見たように、信長が天正元年（一五七三）に朝倉義景を滅ぼしたのちの越前国では一向一揆が勃発し、信長の置いた代官を打倒して越前全土を「一揆持ちの国」の状態とした。これに対して信長は、長篠の合戦が終わったのちの天正三年八月、大軍をもって越前国に侵攻し、一揆勢力を武力討伐した。弾圧は熾烈をきわめ、越前北ノ庄では二万におよぶ死骸が道を埋めつくし、街に人影が見えなかったと言われている(3)。

このように一揆勢力に対して容赦なき弾圧をおこなった信長であるが、同時にその後、越前国の支配を委ねた柴田勝家に対して「越前国掟」という法令を授与して、農民に対しては「非分の課役」、すなわち所定の年貢を超えた恣意的な搾取をしてはならないこと、あるいはまた依怙贔屓に流れる偏頗なやり方でなく、公平・公正を準則とする政治や裁判を執り行うべきことを命じている(4)。

条々

一、国中へ非分の課役を申し懸くべからず（後略）

（中略）

一、公事篇の儀、順路憲法たるべし、努々《ゆめゆめ》贔屓偏頗を存ぜず裁許すべし、

農民が一向一揆という形で蜂起することになる根本原因が、武士領主の恣意的で暴慢な支配にあることを認識したうえで、信長はいわば農民サイドに立った善政を推し広める統治者として自己を表現し、農民全体に対する救済者として立ち現れようとしている。

そしてそのような「越前国掟」の結論部において、信長は次のように述べる。

「とにもかくにも我々を崇敬候て、影後にてもあだに思ふべからず、我々あるかたへは、足をもささざるやうに心もち簡〔肝〕要候、その分に候へバ、侍の冥加有て長久たるべく候、分別専用の事」

すなわち、「何事においても私（信長）が命じるままに随順する心構えをもつことが重要である」と述べ、「私（信長）を尊崇いたし、私の姿が見えないところにあっても、私のことを粗略に思ってはならない。私のある方向には足を向けないようにするという心持が重要である。そのような心構えでいるならば、侍としての大いなる成功がもたらされ、永遠の繁栄が実現されるであろう。このような分別をもつことが重要である」と明言している。

信長の命令に対する絶対的随順、そして信長に対する神仏のごとき個人崇拝が、武士領主としての軍事的成功とその永続的繁栄を約束するとの立場を、臆面もなく大まじめに宣告しているのである。ここには信長の自己神格化と称すべき政治操作が見られるのであるが、この点については、夙に近世史の泰斗朝尾直弘氏が体系的に明らかにされているところである。(5)

〔補注〕

なおこの「越前国掟」については、その存在を疑う向きもあるようであるが、柴田勝家と行動を共にしており、同掟の被命者のひとりでもある前田利家が天正九年十月九日付で能登国百姓中宛に発布した印判条に「代官その外誰々にても、非分の儀、申し懸くるに於ては、百姓罷り出、訴訟申すべき者なり」と同文同趣旨の規定が見られるところから「越前国掟」の存在は裏付けられる。(6)その他、信長政権から出される法令や禁制などにも「非分の課役」の禁止条項が明記されており、この点からも「越前国掟」の存在が確認される。

この法令の出されたのが、長篠の合戦の直後であるという点にも着目する必要がある。すなわち、戦国最強とも言われた武田騎馬軍団を壊滅に追いやった劇的な勝利といい、鉄砲という新兵器を全面的に採用した革命的な戦術の輝かしさといい、長篠の合戦の勝利は信長の存在を神話化するに充分なものがあったであろう。敗北をした武田側の書『甲陽軍鑑』からして、信長を指して「鬼神の如き」と表現し、恐怖とともに、畏敬の念をも表していたほどであったのだから。(7)

自己を神仏のごとき宗教的存在に擬して憚ることのない信長の如上の発言は、そのような精神的雰囲気の中で自ずから導き出されたものであったろう。

ルイス・フロイスの報告

信長の自己神格化の問題については、この当時日本に滞在して信長とも親しかったイエズス会宣教師ルイス・フロイスの記録からも知ることができる。その記述によるならば、信長はその傲慢さと尊大さから、「己れ以外に世界の支配者も万物の創造者もない」と述べ、彼自身が地上で礼拝されることを望み、彼以外に礼拝に値する者は誰もいないと言うに至った、と。(8)

さらにフロイスは続けて、「いよいよ傲慢となって己れの力を誇るあまり、自ら日本全土の絶対者と称することにも、また日本の老人たちが諸国のいかなる国主や世子にもかつて見たことがなく、書物にも無いと言うほど甚深なる尊敬を五十余ヵ国から集めていることにも飽き足らなくなり、ついには突如としてナブコドノゾール［ネブカドネザル］」のような驕慢振りを現わし、死すべき人間としてではなく、あたかも不滅のもの、すなわち神でもあるかのように諸人から崇められることを望んだ。」

そして本能寺の変において横死した信長について、「我らの主なるデウスは、人々のこのような参集を眺めて得た満足が長く続くことを許し給わなかった。すなわち、（中略）彼の身体は灰燼となって地に帰し、その霊魂は地獄に葬られたのである。(9)」と断じている。

安土城の宗教性

信長の建造した安土山上にそびえる安土城は、はるか遠方からも眺望できるその豪壮優美な天守とともに、彼の絶対者としての権威を天下の人々に強く印象づけるものであった。

フロイスは、安土城は琵琶湖のどこからでも眺められたと述べている。(10)当時は安土山は琵琶湖の入り江に沿う形であったことから、その頂上に聳立する五重の天守の偉観は、いかばかりであったことであろう。フロイスは、それは遠くからは、自分たち西洋の石造りの城のように見えたと証言しているから、外観は白漆喰の塗籠仕立てであったのではないかと思われる。

下図は江戸時代になってから描かれたものであるが、このような安土城の姿を示してくれるものとして参考になる。外観の威容もさることながら、その内部の装飾の豪華絢爛たる

安土城図（大阪城天守閣所蔵）

様は、フロイスをして西洋の城でも、これ程に見事なものは存しないと言わしめている。

この安土城天守の内部を実際に目にしていた『信長公記』の著者太田牛一もやはり、同書の中でその内部仕様の豪華絢爛さを詳述している[11]。

安土城天守の内観がかくも華麗なる様相を呈していたことは、それ以後に造られた数多くの天守との決定的な違いをなしていた。それ以降の天守と言えば、かの姫路城天守のように堅牢な造りではあるけれども、いっさいの装飾を排した殺風景な空間である。

床はすべて板張りであって畳敷きですらない。まれに大名主君のために一室だけを畳敷の「御座の間」として特別扱いするケースも見かけるが、これは少数にとどまる。

安土城天守とそれ以後のそれとの根本的な違いは、それを日常的な居室空間として用いるかどうかという点である。秀吉の大坂城以降の城郭建築においては、日常の居室空間は天守ではなくて、平屋造りにして横へ奥へと広く展開する「御殿」に他ならない。この御殿の奥（あるいは大奥）に大名主君とその家族が日常的に起居する区域がある。御殿の表や中奥には公式の謁見場所や行財政に関わる役人的武士たちが詰めている執務空間などがある。

そして天守はと言えば、一部に居室的なしつらえは見られるものの、あくまで眺望を楽しむための望楼として、あるいは戦時における軍事上の物見櫓および籠城拠点として用いられる。逆言すれば、信長の天守使用のあり方は極めてユニークなものであり、彼の日本人離れした特徴をよく表している。そもそも地震多発国である日本において、このような楼観造りの高層建築物に日常的に起居すること自体が異例とみなされなくてはならないだろう。

もちろん信長とて、この高層楼観の中でばかり起居していたわけでなく、人並みに平屋造りの御殿建築も持っており、そこで日常生活を送ってはいる。しかし同時に、この天守を居住空間としても使っていた。

そこからして信長の余人に卓絶した資質が印象付けられることになる。黄金の輝きを放つ五重七層の楼観の内に座して、天下に号令する信長の姿である。それはあたかも宗教的な風景ではないであろうか。かの一向一揆の門徒が渇仰する阿弥陀如来の姿を彷彿とさせるものではなかったろうか。

フロイスの記述によるならば、信長は同城の一郭に総見寺と称する寺院を建立し、信長の誕生日（五月十二日）に同寺を参詣すべきことを人々に布告したという。すなわち、同寺の御神体は信長自身であり、参詣する者には富貴をもたらし、疾病をいやし、子孫と長寿とにめぐまれるとする。そして「これらのことを信ぜぬ邪悪の徒は、現世においても来世においても滅亡するに至るであろう。ゆえに万民は大いなる崇拝と尊敬を常々これに捧げることが必要である」と宣告していた由である。[12]

そしてそれに続いて先述の、本能寺の変と信長の最期についての記述がなされているのであった。

信長の自己神格化をめぐる論争

このようなフロイスの記述については、研究者の間で批判的な見解も少なくない。すなわちフロイスがこの「儀式」について初めて記したのは信長の死後であり、フロイス自身が「儀式」が行われたとされる当時に安土周辺にはいなかったこと、日本国内の一級史料ではこの「儀式」についてまったく言及されていないことなどから、フロイスの記述に信憑性はなく、信長が滅んだことを正当化するために記したものであるとの見解を示している。

　フロイスの記述に対して批判的な研究者は、これは信長の非業の死を説明するために、古代オリエントの専制君主、ことにバビロニアの王ネブカドネザルらの自己神格化伝説を援用した結果にすぎないとされている。

　しかしながら、筆者はこのような見解に対して疑問を抱かざるをえない。すなわち、信長の非業の死を説明する神学的論理が必要であったとき、キリスト教の布教に対して終始好意的であった信長に対して、このような非道の専制君主の像をもってするというのは甚だ不自然だということである。

　彼がキリスト教の迫害者、弾圧者であるならばそれもあることだろうが、フロイスの記述によっても、キリスト教布教に関する信長の態度は一貫して好意的であり、キリスト教宣教師たちは信長から多大の便宜を与えられていた。現に安土城下にもキリスト教会が存在していたほどなのだから。

　フロイスは同じ十一月五日付の『年報』で信長が多大の支援をなしてくれたことに感謝の念を抱きつつ、詳細に記述し報告している。

「我らに対しては常に多大の恩情をかけ、我らが異邦人であるため同情すべき人間として我らを遇した（中略）己の（信長の）生命のある限り、我らは艱難をなんら被ることなく、領内においてデウスの教えを説き、教会を建てるようにと言った」[13]。

フロイスはこのように、信長をキリスト教の布教にとっての恩人として描いている。その同じ報告書において、信長の死を古代の涜神者ネブカドネザルになぞらえるというのは、いかにも不自然である。

フロイスはキリスト教宣教師らしく、この世の事象を神学的論理をもって説明する。しかしながら、右に述べたように、キリスト教の布教に対して多大の支援を施してくれたと評価されている信長である。その彼が横死を遂げたとき、そこに適用される神学的論理が「神に対する冒涜者」というのは全く筋の通らない話であろう。

容認できなかった堕獄的な振る舞い

信長は異教徒ではあるが、キリスト教に対する有力な庇護者であったことは疑いないのであるから、信長の横死に対する神学的な説明はこうあるのが自然ではないか。「異教徒ながらキリスト教の普及に対して多大の尽力を払ってくれた信長は、それ故に邪悪な仏教勢力や保守層の憎しみをこうむることになり、ついにこの勢力の一人である謀反人光秀の凶刃の前に尊い命を落とすに至った」のである、「彼はキリスト者ではなかったけれども、そのキリスト教に対する厚い庇護の故にもたらされた死は、殉教者に準ぜられ、神の祝福にあずかることになるであろう」と。

一般的に言って、キリスト者やキリスト教に対する迫害者や背教者については、その死をめぐる神学的説明は神罰であり地獄落ちである。他面、キリスト者がキリスト教を護持する中で非業の死を遂げたときの扱いは殉教者であり、神の永遠の祝福であろう。

信長の非業の死に対する神学的説明は、まさにその後者にあたるはずである。この、ごく自然に導き出される穏当な説明ではなくて、どうして「自己神格化による神への冒涜」などという、異常で唐突な説明論理を持ち出さねばならないのか。キリスト教の布教に対して終始変わることなく好意的な態度をとり、フロイスの記述においても常に好意的に描かれていながら、その最期についてのみ、なぜ「神に対する冒涜者」「焼き殺されて地獄に堕ちた」などという憎悪の言辞を投げかけられねばならないのか⒁。

答えはおのずから明らかであろう。信長に「神に対する冒涜」「焼き殺されて地獄に堕ちた」などと指弾されるような行為が、実際に存在したが故に他ならないということである。

フロイスにとって、決して容認できない許し難い行為であり、キリスト教の布教と勢力拡大のために多大の支援をしてくれたという恩義をもってしても、決して黙過できない堕獄的な振る舞いが信長によって実際になされていたと、フロイスが見なしていたからに他ならないであろう。

二、信長のカリスマ性

神秘的能力を印象づけた二つの事件

信長個人にはカリスマとしての性格が強く備わっていた。その強烈な個性、敵地をただ一人駆け抜けていく瞬敏な行動力、長篠の合戦における鉄砲使用法の卓抜な着想力、人々に絶対的な支配者の存在深く印象づける、豪壮華麗な安土城に代表されるようなシンボル操作の巧みさ、そして何よりも相次ぐ戦争における常勝不敗の実績は、信長の権威をいやがうえに高めていった。

さらに信長の神秘的な力能を印象づけたであろう二つの事件について着目しておく必要がある。一つは武田信玄の急死についてであり、これはあまりによく知られた史実である。

天正元年(一五七三)、信玄は三万の大軍を率いて甲州を出で、駿河国を経由して遠江の徳川家康領に侵入した。そして三方ヶ原の戦いに家康軍を撃滅し、その勢いをもって三河国も席捲して信長の領国である尾張に侵攻しようとしていた。ところがそこで武田隊の進軍は止まり、そのまま向きを転じて甲府へ帰還してしまった。信玄急死のためであった。

ところがいま一つ、これとまったく軌を一にする事態が生じている。他ならぬ、信玄と並び称せられる戦国の勇将上杉謙信の急死である。

天正六年(一五七八)三月、上杉謙信は越後国内の武士領主たちに対して大動員をかけており、春日山城には陸続として軍勢が入城して、大規模な戦闘の準備が整いつつあった。この大規模動員の目的は小田原北条との戦いのためとされていたが、この時期における謙信の立場と全般的な政治状況からして対信長上洛作戦が主要課題であることは明らかであり、北条問題というのは陽動の域を出ないのではないだろうか。

第一章に記したように、この大規模動員にいたる経緯を眺めるならば、前年の天正五年九月、上杉謙信は北陸征討の軍を進めていた織田軍勢と加賀国手取川で会戦におよび、織田の先鋒柴田勝家の軍を撃破した。それより九頭竜川をわたり、敗走した織田軍の籠もる越前北ノ庄城まで進出して、思うまま示威作戦を展開したのち軍勢を撤収していた。

このような経緯からするならば、翌六年の上杉勢の大動員が織田信長との対決を決意した上洛作戦になるであろうことは容易に想像される。個人としても、関東管領職としても足利将軍に対する忠誠心が人一倍厚い謙信である。信長を打倒して、将軍足利義昭の京都帰還のお膳立てをすることは、彼にとって最優先の課題でなければならなかったはずである。

しかも畿内各地では上杉謙信の上洛を見越して、反信長の動きが活発化しており、かの元亀年間のそれの再現とも言うべき反信長連合戦線の包囲網が形成されようとしていた。

信長とて、前年にそれがために自軍が大敗を喫した上杉謙信が、本格的な上洛作戦を展開してくることを当然にも覚悟せねばならない状況にもあった。大坂石山本願寺の一向一揆、およびその背後からこれを支援する村上水軍や中国毛利勢力と一進一退の攻防をくり広げている最中、北陸方面から上杉謙信の大部隊の襲来を受けることの厳しさは言をまたないであろう。

神仏の加護を得た特別な存在

だがまたしても、その包囲網の要に位置した謙信の急死によって、信長は危機を脱することができた。第一次の信長包囲網が武田信玄の急死によって崩壊したのと正しく同様の事態の再現であった。戦国最強武将の名を争った武田信玄と上杉謙信、この両雄が何という因縁であろうか、ともに信長との対決を目前にして急逝するに至ったという展開！

この不可思議としか言いようのない二つの事件は、信長をめぐってそこに神秘的な力能が漂っていることを感ぜせしめずにはおかなかったことであろう。現代人ですら、このような僥倖が重なれば「何かもっている」という感覚を共有しているではないか。これが今から四百年も昔のこと、そして人々は戦乱のさなかにあって、自分たちの命が明日にも失われてしまうかもしれないという恐れに苛まれながら生きているという状況を考えたとき、幾多の危機に直面しながらも、これを奇跡的に乗り越えていく目覚ましい行動をする人物を目のあたりにするならば、その人物を神仏や天道の加護を得た特別な存在と見なして、人々が畏敬の念をささげるのは、至極当然のことであったろう。

そして信長は、まさにそのような人物であった。もって生まれたその奇矯な性格、人の耳目を驚かすその卓抜な着想力、そして度重なる危機を人の意表を突く俊敏な行動によって乗り切り、そして武田信玄と上杉謙信という戦国の両雄を相手に回して、しかも両雄が信長に決戦を仕掛けようとした矢先に、二人とも冥界に追いやってしまったという事実。

このような事実を目のあたりにしているならば、信長はなにがしか神秘的な力能が備わった特別な存在なのではないかという認識を、周囲の人々も、そして信長本人もいつしか当たりの前のようにして共有していたことであろう。

信長を神仏のごとくに崇拝するならば、武士領主としての繁栄は長久であろうという「越前国掟」に見られる神懸かり的な言辞も、信長自身がその本尊とされたという安土城の総見寺のことも、自己神格化と見なされるような奇矯な行動や言辞も、右のような事態を日常的に目にしていた同時代の人々にとってみれば、かなり自然に受け入れられていく状況であったのではないか。

本能寺の変のとき、同寺には信長の家臣なるものは若輩の小姓ら二、三十名とその他若干名が見られるのみであった。この戦乱の世においてあまりに常軌を逸したかに見える無防備さも、上記の如き強運のもたらした過信、自己に逆らう者はことごとく自滅するという思い込みを抜きには説明不能であろう。

『甲陽軍鑑』の予言

信玄と謙信の両者の死を信長の強運の問題として連関させて捉える見方は、ただに筆者だけのことではなくて、実はこの当時にも存在していた。他ならぬ、かの『甲陽軍鑑』にその記述が見られる。『甲陽軍鑑』は謙信が未だ存命であった時期に記されており、同書において上杉謙信の運命が予言されている箇所がある。

『甲陽軍鑑』には信長と謙信との角逐の状態が、かなり詳しく記されている。天正五年（一五七七）の手取川の戦いにおいて信長軍の先鋒部隊を打ち破って力の程をみせつけた謙信は、信長に対して書状を送り付けて、明年（天正六年）の雪解けとともに上洛作戦を開始すること、信長の方も越前まで進出してきて、同地において無二の決戦を遂げたいという趣旨を通告していたとしている[15]。

これに関連して同書は、天正元年（一五七三）に武田信玄が信長との戦いを目前にしながら他界する時に、信玄の述べた言葉として次のように記している[16]。

信長、果報の強き者にて候間、信長と取り合いを発《おこ》し候故、我等も早く死する。輝虎（謙信）も信長と取り合いはじめ候はゞ、弓矢は信長より輝虎はるばる上の故、五年の内に謙信も死する事あらん

もっとも、このことをもって実際には『甲陽軍鑑』は後の時代に記された書であり、それを天正五年頃に生きた春日（香坂）昌信を作者に仮託して作成されたことの証拠として捉えることもできるであろう。その場合、同書は、武田流軍学者小幡景憲が十七世紀初頭の元和年間に作成したものという見解になる。しかし他方、右の言辞が本当に謙信存命であった天正六年三月以前に記されたことを排除するものでもない（近年の研究によるならば、『甲陽軍鑑』が天正三年以降に春日自身によって口述筆記された真作であることは肯定される傾向にある）。

両様の解釈が成り立つけれども、本当の予言であれ、元和年間頃に作られた仮託であれ、どちらの場合であっても、上杉謙信の死が、信長との対決という状況と因果的に位置づけられて叙述されているということである。また信玄の死も、信長との対決故として受け止められている。

つまり『甲陽軍鑑』という武田方の人間の手で記され編まれた書物が、信長という存在を、信玄・謙信の二大英雄をともに没落に導いた神秘的能力を具える人物として認識し、描いて

いるという事実である。『甲陽軍鑑』にはまた、「鬼神のごとき信長」といった表現も見られる。畿内からはるか離れた甲斐国の武田家の中でも、信長の神秘的、超人的な性格について語られていた。信長の周辺において、そのような観念は存在していなかったと断定するほうが、よほど現実離れしているとしか筆者には感じられないのである。

注

（1）朝尾前掲『将軍権力の創出』三頁。
（2）同前一二頁。信長の自己神格化の問題については、秋田裕毅『織田信長と安土城』（創元社、一九九〇）、赤木妙子「織田信長の自己神格化と津嶋牛頭天皇王」（『史学』六〇-一、一九九一）今谷明『信長と天皇』（講談社現代新書、一九九二）、石毛忠「織田信長の自己神格化――織田政権の思想的課題――」（石毛忠編『伝統と革新』ぺりかん社、二〇〇四）、松下浩『織田信長――その虚像と実像――』（サンライズ出版、二〇一四）、三鬼清一郎「織田政権の権力構造」（同『織豊期の国家と秩序』青史出版、二〇一二）、脇田前掲『織田信長』、松下浩「信長「神格化」の真偽を検証してみる」（渡邊大門編『信長研究の最前線②』洋泉社、二〇一七）などを参照。
（3）『信長公記』巻八
（4）天正三年九月付、織田信長条書写［越前国宛］（『増訂織田信長文書の研究』下巻）
（5）朝尾前掲『将軍権力の創出』三一頁。
（6）『加能古文書』［『増訂織田信長文書の研究』下巻、九四五号「参考」］
（7）『甲陽軍鑑』下巻、品五十三。

（8）ルイス・フロイス「一五八二年十一月五日付、口之津発信、ルイス・フロイスのイエズス会総長宛、一五八二年度・日本年報追信」（松田毅一監訳『十六・七世紀イエズス会日本報告集、第三期第六巻』同朋舎出版、一九九一）一二二頁。
（9）同前一二〇頁。
（10）同前一二二頁。
（11）『信長公記』巻九「安土山御天守の次第」
（12）フロイス前掲「一五八二年度・日本年報追信」一二一頁。
（13）同前一二〇頁。
（14）嫡男信忠についても、死んで地獄に落ちたと記されているが、信忠の場合は最初キリスト教を庇護しながら、後には愛宕の神という「悪魔」に奉仕するに至ったという明確な「流神」的行為が根拠となっている。しかし信長はキリスト教を一貫して庇護してくれた恩人として描かれている。
（15）『甲陽軍鑑』下巻、品五十三、
（16）同前三五四頁。

第六章　本能寺の変

本能寺の変は何故に生じたのであろうか。光秀はいかなる動機によってこの事変を惹き起こしたのだろうか。そこには、何がしかの目に見えない力が作用していたのだろうか。陰謀ないし謀略としての要素はどうなのであろうか。黒幕と目される人物は誰なのか。本能寺の変が日本史上においても特に人を惹きつけてやまないのは、このようなミステリーとしての性格が濃厚だからなのであろう。

その意味では、本書もまた謎解き的アプローチは避けられない。しかしそれが歴史学的議論であるためには、どこまでも史料に基づく議論、そして事実関係の究明に徹する議論というものを目指したく思う。信頼性の高い史料の裏付けをもたない空論は避けなければならない。

ここでは事実関係の究明に徹するという方針から、同事件の歴史的意義といった側面、いわば本質論的側面については当面これを封印し、本能寺の事変を外面的に確認される様相に即して、そこで確認される事実関係を析出することに努めたい。けだし、歴史的事象の本質は、それをめぐる事実関係を究明することを通してのみ明らかにすることができるからである。事実関係を等閑《なおざり》に付し、曖昧にしたままで議論を進めても歴史の本質を解明することはできない(1)。

一、事件論的性格

襲撃事件の性格

本能寺の変の歴史学的な本質をめぐっては複雑な議論を施す必要があるが、この節ではそのような本質論に立ち入らず、純粋に一つの事件――天正十年六月二日に発生した襲撃事件――という観点から同事変を考えてみたい。

同事変を観察した場合、その特徴として目につくのは、端的に言って、その場当たり的な性格である。以下、この点を説明しよう。

まず光秀が斎藤利三ら自己の配下の幹部五名に信長討伐の意思を表明したのは、全軍が亀山城を発った六月一日の夕刻のことであること。それ以前に本事件の計画を部下との間で検討している形跡が見られない。

それより京都に突入し本能寺を囲んで信長を滅亡させる。それはいい。だが、それが終わった後になって、信長の嫡男信忠が同じく京都に滞在していたことから、信忠攻撃に向かうという展開になっている。

つまりこの行動の中に、本事件の無計画性が表現されている。事前の計画がなされているならば、まず京都の出入り口を封鎖し、次いで主要な目標である信長と、第二目標となる信忠の居所に対して、主隊と別動隊を向かわせ、同時攻撃をかけるという形をとることになるであろう。町中に分宿している信長の馬廻り衆の主要な者、あるいは京都所司代の村井貞勝らに対しても討手を向かわせることが考慮されなければならない。本能寺の攻撃が手間取った時、彼らが本能寺に救援に駆け付けるのを阻止するためにも不可欠の措置である。

本能寺の変においては、これらの計画的配慮が微塵も存在していない。信忠のケースを見てみよう。彼は二条の妙覚寺を宿舎としていた。そこに事変の報せが届く。そこで彼は本能寺に駆け付けようとしたのであるが、本能寺はすでに陥落、炎上して終わったということを確認したのち、明智勢は次いで自己の所に押し寄せるであろうことを覚悟し、妙覚寺では防御にあまりに脆弱なので、近隣の二条御所に移ることとした。

二条御所には誠仁《さねひと》親王がいたのであるが、退去してもらい、信忠はここを陣所として明智勢を迎え討つ態勢をとったのである。その頃には事変の勃発を知り、また信長がすでにこの世にないことを悟った信長の馬廻り衆が、分宿している町中の各所から信忠の下に参集し、信忠の手勢はそれなりの数が揃いつつあった。京都所司代の村井貞勝もまた合流した。

これらの事実は、同時にもう一つの事実を雄弁に物語っている。それはこのような態勢が整いつつあるまでは、信忠の宿所は明智勢によって囲まれておらず、攻撃されてはいなかったという事実である。妙覚寺の宿所がすでに明智勢によって囲まれている時に、信忠が二条御所に陣所を替えるなどということができようはずもないからである。

つまり光秀は、信忠の存在をまったく考慮していなかったということを意味している。彼は信長を討つという一点しか頭になかった。信長を討ったのち、自ら気づいたか、あるいは周囲の進言に拠ったか、嫡男信忠がまだ京中に留まっており、これも討つ必要のあることを。そこで本能寺が終結したのちに、信忠の妙覚寺へと軍勢を差し向けたという展開になっている。筆者が、無計画で場当たり的な行動と評する所以である。

信長を討つという一点のみ

信忠への襲撃が遅れたのは、信忠襲撃のために唐櫃越えという別ルートを伝って京へ向かった別動隊が遅れたからという説がある。『明智軍記』に記されているところに拠るものであるが、偽りであろう。信忠の二条御所に対する攻撃は、本能寺が炎上し、同寺に対する攻撃が一段落してからのことである。本能寺と二条御所とは一キロ弱の距離。もし計画していた別動隊の攻撃がなされていないのであれば、光秀の本隊の一部を割いて差し向ければよいだけのことである。本能寺の側は抵抗らしい抵抗もなく、あっけなく短時間で制圧されていたのだから。それがなされていなかったということは、信忠攻撃は考慮の外にあったことを裏付けている。

まだある。それは京都と外部地域をつなぐ出入り口(粟田口、丹波口など)が、まったく封鎖されていなかったことである。明智の手勢がそれら各所にあらかじめ派遣されるということがなかった。危地に陥った時でも、俊敏な信長はそこを脱出して逃走してしまうということは、これまでも目にしてきた光景ではないか。そのためにも本能寺の襲撃と併行して、京都と外部をつなぐ関門ごとに兵を差し向けて、それらを押さえておくことは不可欠なのである。

ところが実際には、その手当はまったくなされていなかった。信長の弟である有楽(長益)や信包たちは、何の危難もこうむることなく京都を脱出していったのである。これがため、信忠を見殺しにして、自分たちだけ逃げ出していった有楽らは人でなしと、京雀たちから嘲笑われることになるのだが。

要は、光秀は本能寺に宿泊しているであろう信長その人を討つという一点にすべてを賭けており、それ以外には何らの考慮も払ってなかったということである。そしてこのような計画性の根本的な欠如は、当然にも陰謀や黒幕の存在の否定につながらざるをえないであろう。

突発的出来事である証拠

本事件が、無計画で突発的な出来事であったことを裏付ける有力な証拠がもう一つある。それは当時、大坂城（信長の大坂城）にいた織田七兵衛信澄の存在である。彼の妻は光秀の女子であり、彼は光秀の婿であること。さらに信澄の父はその昔、信長と家督を争って信長に殺された織田信勝（信行）である。

つまり、今回の光秀の決起に際しては、疑いの余地なく与同すべき人物なのである。しかるに彼には事前の連絡がなかった模様であり、ために事変の勃発に動揺して去就に迷い、何らなすすべのない躰であった。

これに反して、当時、四国渡海作戦のために堺にあった神戸信孝と丹羽長秀は、信澄を光秀の謀反の一味と見なして六月五日、大坂城に襲撃をかけ、信澄はあっけなく討ち取られてしまっている（謀叛人として堺の街で梟首に処せられている）。信澄はそれくらい確実に光秀と一体とみなされていた人物なのであった。

つまり光秀の決起が計画的であったならば、信澄に事前に通報のないことは考えられないということである。その場合、信澄は大坂城の防備を固めて堺の信孝らの勢力に対峙の姿勢を取るか、手勢が僅少ならば大坂を退去して光秀軍に合流するかの方策を事変に合わせて立てなければならない。しかるに信澄は逡巡する中で、六月五日に信孝らによって討ち取られてしまっている。事変のあった同二日から四日が経過していたが、その重要な四日の間、信澄には全く動きが見られなかった。本事変の無計画性を雄弁に物語る事態である。

細川藤孝への手紙

さらに。本事変の性格を決定づけるであろう重要な証拠が残されている。それは他ならぬ光秀が事変の少しのち、細川藤孝に送った書状である。そこに光秀自身が今回の事変を引き起こした思いが綴られている。本事変の性格を究明するうえで最重要の史料と目すべきものである(2)。

覚

一、御父子もとゆゐ〔元結〕御払い候由、尤も余儀なく候、一旦我等も腹立候へ共、思案候程、かやうにあるべきと存じ候、然りと雖《いえど》も、この上は大身を出され候て、御入魂希む所候事

一、国の事、内々摂州を存じ当て候て、御のぼりを相待ち候つる、但若〔但馬国・若狭国〕の儀、思し召し寄り候ハヽ、ここを以て同前に候〔ママ〕、指し合わせ、きと[屹度]申しつけべき事

一、我等不慮の儀存じ立ち候事、忠興など取立て申すべきとての儀に候、更に別条なく候、五十日、百日の内には、近国の儀、相堅むべく候間《あいだ》、それ以後は、十五郎〔明智光慶〕・与一郎〔細川忠興〕殿など引き渡し申し候て、何事も存ず間敷候、委細両人申さるべき事、

以上

六月九日　　光秀（花押）

現代語に訳すれば、細川藤孝・忠興の父子は髻を切り落として法体となって、信長の菩提を弔うという態度をとられたとのことであるが、確かに余儀ないことであろう。それを聞いて、自分も一旦は腹が立ったけれども、よく考えれば、そのような態度をとるのは当然のことかと思う。

しかしながら今後は、あなたの立派な御姿を見せられて、私にむしろに協力してくれることを願っている。(3) 分与すべき国については、私の内存として細川父子に対しては摂津国を用意して、上京されるのをお待ちしている。その他に但馬国と若狭国を望まれるのであれば、摂津国と同様に必ず引き渡すであろう。

私が今回の予期せぬ事を思い立ったのは、忠興を大きな大名に取り立てようとの思いからのものである。決してそれ以外のことではない。五十日、百日以内には、京都周辺の国々は

支配が確立されるであろうから、それ以後は自分の子の十五郎（光慶）[4]や忠興に統治を引き渡して、私は表から引き退くつもりである。詳しいことについては、使者の両名から口頭で伝えるであろう。

光秀は、藤孝に対して味方となって働いてもらいたい旨を切々と訴えている。藤孝と息子の忠興とは、事変の発生を知るや、髻を落として法体となり、亡き信長の菩提を弔うと称して局外中立の姿勢をあらわにしていた。光秀はそのような細川親子に対して、翻意して自分の味方となってもらいたい旨の勧誘、否、懇願をしているのである。

今回、このような突然な事態を引き起こしたのは、自分の婿である忠興などを取り立てて大身の大名にしてやろうという思いからしたことで、他に理由はない。畿内近国が平定されたなら、自分の嫡男である十五郎と忠興に天下を委ねるつもりである、と。

曖昧模糊とした挙兵理由

事変のあとの光秀の勢力であるが、周辺の中小領主たちは後ずさりする風情で光秀の下に集まろうとはしない。殊に、光秀ともっとも親しい関係にある細川親子が局外中立をあらわにして、光秀から距離をとったということが致命傷となって、光秀の勢力は劣勢を余儀なくされていた。そのような中でしたためられた、光秀の細川親子に対する勧誘状である。

ここはどうあっても細川父子を説得して、自己に与力してもらわなければならない局面である。しかるに右に見たような文面でしかない。この点については多くの識者がこれまでにも指摘してきたことであるが、ここには、今回の挙兵は朝廷方面の意向によるものであるとか、足利義昭のため、室町幕府再興のためとかの文言はいっさい見られない。もちろん、それ以外の陰謀筋の話もない。ここは嘘でも、そのような大義名分を作り出して、今回の挙兵が単なる謀叛ではなくて大義の遂行のためにとった行動という体裁をとり、もって細川親子や自余の中小領主たちを糾合する戦略をとらなければならないところである。

ところが右の勧誘状には、そのような文言はまったく見られない。婿の忠興のためにやったことなどと、埒もない文字が力なく書き連ねられている。一段落したら、自分は引退して息子の十五郎と婿の忠興に天下を譲るつもりだ、などと。もちろん、このような他愛のない文面では、細川父子の与同を得ることなど望むべくもないであろうが。

いずれにせよ、本能寺の変の事件的本性、すなわち光秀の主観的な観点から把握される同事変の真実は、この書状に凝集されていると言ってよいであろう。陰謀論、黒幕論とは、およそかけ離れた文面と言うほかはない。そしてそれが事実であったということである。

右の光秀の文面では、何故に今回の挙兵に及んだのかの理由すら、はなはだ曖昧模糊としている。「不慮の儀」である、と。この先の見通しについては無きに等しい。後は十五郎と忠興にゆずって、自分は引退するというのであるから…。

だが、筆者はそれこそが光秀の決起行動の事件的レベルでの本性であったと考える。光秀には天下獲りの野望もなければ、信長に対する怨恨があったわけでもないだろう。

信長が怖しい存在であることは、前から知れたことである。一向一揆の者に対しては千人単位で撫で斬りにして、人影がなくなるまで殲滅したことを誇らしげに語る人物であり、家臣団に対しても無能、御用済みの者は、冷酷に放逐する人物である。

それであっても、佐久間信盛折檻状では光秀は最優秀な家臣と評され、信長の信頼はひときわ高かった。その光秀が、何故に信長殺しに決起せねばならなかったのか。

光秀の決起の事情

事変をめぐる事実関係については、大要、右に見たとおりである。以下、それらを踏まえて事変の事件としての性格を分析していこう。

すでに述べたところからして、本事変については陰謀性や黒幕的な謀略性は除外して差し支えないと考える。問題の原因ないし動機は、光秀その人の内面にあると考えて間違いない。

それは一体どのような性質のものであるのか。

もちろん天下獲りの野心や野望から行動に及んだということは選択肢としてはありうる

が、前掲の藤孝宛の書状を見る限り、そのようなぎらついた雰囲気を感じとることはできない。天下獲りのために信長を討ったというような気負いも気迫も感じられない。何がしかの大義のために決起したという主張もない。

怨恨説はあながちに捨て去られるべきものではないかも知れない。光秀が信長から打擲されたり、足蹴にされたりといったエピソードには事欠かない。四国政策をめぐっては長宗我部との間を取り持った光秀の仲介の労を踏みにじって、信長は長宗我部の討伐に突き進んでいった。面目を失った光秀の心中は、いかばかりであったろうか。

とは言え、事は主殺しである。恥辱をこうむり、面目を失ったというような怨恨だけで、謀叛決起に走るというのは武士の感性や行動論理には合わない。しかしながら別の主たる動機があった時に、その副次的動機として働き、主動機を強化するような働きとして作用することは充分に想定されるであろうが。

暗転の機縁

人事の問題はどうであろうか。天正八年（一五八〇）の頃から佐久間信盛をはじめとする家臣の恣意的な改易が相次ぐという問題があり、それへの恐れをもって決起の理由とする説。これは確かに重要な因子ではあるけれども、佐久間が改易された時、信長が表明した佐久間折檻状には、佐久間と対比する形で光秀の働き抜群と顕揚されていた。光秀が恐れる理由にはならないであろう。むしろ自分の立場の安泰を確信していたことになるはずである。

それでは何が反乱決起の機縁をなしていたのであろう。この機縁というのは、事変の最近、ごく短い時期に突如として沸き起こってきたそれとして捉えなくてはならない。

光秀は、信長の酷薄の処断を数多く目にしてきた。家臣であっても気に逆らった者には、残酷な処分がなされていた。だが光秀は、自分はそれらの埒外にあるものという思いがあった。佐久間折檻状に明記されていたとおり、自分は信長家臣団中の優等生であり、領地も権限も並外れた優待を信長から得ているものという自負もあった。

しかしそれが、すべて幻影であり、現実から消え去ってしまったとしたらどうなるであろうか。安土において重要な家康饗応の役を解任され、毛利攻めに追いやられた日々における光秀の思いはどうであったろうか。自分が特待生などではなく、所詮は信長の使い捨ての駒の一つでしかなかったという自覚ではなかったか。今までは、文字通り他人事と思っていた信長の家臣に対する苛烈なやり口が、容赦なく自分の上にも降りかかってくるかも知れないという恐怖。

光秀にとって、自分の地位が特別のものでも安泰なものでもなく、所詮は信長の使い捨ての駒の一つでしかないという感懐を抱くに至った暗転の機縁はどこにあったのだろうか。世上で指摘されている家康饗応時の失態――食膳に供せられるはずの魚から腐臭がしたとして信長の怒りを買ったという――による饗応役の解任という問題もあるかもしれない。ただし、この話は事実であるか否か定かではないようである。

丹波国の領有問題

しかしここにもう一つ、本能寺の変に関係して重大な意義を帯びているのではないかと思われる史料が残されている(5)(口絵参照)。

天正十年五月十四日付、神戸信孝直状［丹州国侍中宛］

丹州より馳参候国侍、組々粮料
馬の飼・弓矢・鉄砲・玉薬、これを下行すべし。
船は組合人数次第、中船・小船
奉行ぇ相断り、これを請け取るべし。海上の遅早は
着岸の相図を守るべく候。陸陣中備の儀、下知に任すべき者なり。

「人見文書」

丹州国侍中

天正十年午五月十四日　信孝（花押）

第一章で見たように天正十年、信長は中国の毛利に対する戦いを進めていたが、他方では四国の長宗我部の勢力を制圧するための四国渡海戦にも着手していた。神戸信孝は信長の三男で、この四国渡海戦の総指揮官としての立場にあった。右の文書は、そのような神戸信孝から丹波国内の武士領主たちに対して発給された示達文書である。

その内容は、丹波国から四国渡海軍に参加する武士については、彼らが編成される組ごとの兵粮、馬の飼い葉、弓矢、鉄砲、鉄砲の火薬などを信孝の側から支給する。船については、武士たちが編成される組合の人数にしたがって、中船・小船を奉行に告げて受け取るように。渡海に際しての船足の遅い早いについては、着岸時点で相互に確認をとらなければならない。四国に上陸してからの陣中の編成については、信孝の命令によって決せられること。大体、以上である。

この文書は、かつて桑原三郎氏が紹介されたもので[6]、その後も桑田忠親氏[7]ら研究者の多くが関心を寄せてきた。史料は確実なものであり、文書自体の真偽については問題はないだろう。

神戸信孝示達の意味するもの

この文書が重要なのは以下の点である。すなわち、神戸信孝が丹波国の武士領主を四国渡海に動員しようとする場合、通例ならぱ、信孝は丹波国の支配権を有する光秀に対して、この文書で指示している内容を、要請ないし命令として示達し、光秀はこれを取り次ぐ形で、丹波国中に信孝の動員令を布告するという手続きを取らなければならないところである。

しかしながら、この文書には光秀の名前も、光秀を介するという手続きについても、何ら触れられていない。つまり光秀の丹波国に対する支配権を無視ないし光秀の頭越しに執行していることになる。

光秀が信長から家康の饗応役をまかせられたのは、この文書の発給日付と同じ五月十四日のことであった。これは果たして偶然の一致なのであろうか。もし意図をもってなされていたとしたら、どうなるだろうか。

その家康は翌五月十五日に安土に到着している。そして光秀が西国出兵を命ぜられて、家康の饗応役を解かれ、居城の坂本城に戻るのが同十七日。ただし同時に信長は、細川忠興、筒井順慶、池田恒興、高山右近、中川清秀らにも出陣の用意を命じ、それぞれ帰国させた。

家康は同二十一日に安土を発って京都に入る。家康に対する饗応役は十八日から二十日までの間、長谷川秀一らが担当している。

五月十四日の示達はそのような饗応準備のさなかに発せられたことになる。そこで次のような事態が推定されてくる。

光秀にとって、安土饗応のために留守にしている間に、自己の領国である丹波国に対して、神戸信孝が四国渡海の軍勢催促をしていることになる、光秀に断りなくして行っている可能性が高い。そこでこれに憤然として、光秀が信長に対して是正方を申し入れ、これが両者の言い争いに発展したのではないかとする推定である。

両者の間で諍いがあり、激昂した信長が光秀を足蹴にしたと伝えられている事件の原因が、この五月十四日付の示達にあったと考える余地はありそうである。こうして信長の不興をこうむった光秀は、家康の饗応役を解任され、秀吉の後詰として毛利攻めに追い立てられていくという流れが見えてくる。

丹波国・志賀郡坂本の召し上げ説

この信孝示達の文書をめぐっては、『明智軍記』などの伝える話との関連において、これまでも識者によってしばしば取り上げられてきたという経緯がある。

すなわち『明智軍記』によるならば、光秀の毛利攻めの出陣に際して信長から、毛利領国である出雲国、石見国については「切り取り次第」、すなわち実力で勝ち取った領土はすべて光秀に与えられるとされたが、同時に光秀の現有領地である近江坂本と丹波国とは召し上げられてのことであるとされている。

前掲の信孝宗達には丹波国における光秀の領有権についての言及がまったくないことから、これは『明智軍記』の記述の正しさを裏付けるものとも見なされてきた。実は、筆者の旧著においても、この説をとっていた(8)。

しかし信孝宗達の発給月日に疑義を残していた。「五月十四日」というのは、光秀がいまだ安土で家康の饗応に携わっている時期なのである。毛利攻めの出陣に際して領地の召し上げを申し渡したという話とは不整合なのである。

筆者が旧著を著したのち、その本能寺論を一書にまとめることになかなか踏み切ることができなかったのは、右の不整合が未解決であったが故であった。

今回、本書で提示した見解は、『明智軍記』の記述は採らないということである。信孝の宗達――それは当然にも信長の方針であろうが――は、光秀の領地領有が存在しながら、なおそれを堂々と侵犯しているという事実を示しているという点において重要であり、かつ本能寺の事変の本質に迫るものであるという理解である。

すなわち、信長にとって家臣たちの個別領有権の存在など、はじめから眼中にありはしない。家臣たちに知行、俸禄を与えているのは、それによって軍備を整え、信長の命ずる軍役を充足する限りでの分与であり、家臣の個別領有権を尊重するといった意識とは無縁でしかない。

それゆえ、それら家臣の領地に対して、信長が必要ありと判断したならば、領有者の意向などおかまいなしに、課役の賦課でも、人的動員であろうと思いのままである。それに苦情を申し立てるなど推参の極み、足蹴にして目を覚まさせてやるまでのこと。それが信長であった。

光秀とて、信長のそのような横暴な性格は百も承知のことであるが、今回のような露骨な処置が彼自身の上に降りかかることはこれまでなかったのかもしれない。理不尽な処置が他の人物に対してなされることはしばしば目にしているが、自分は信長家臣団中の優等生としてあるという自負があった。「佐久間折檻状」にある表現もしかり、また領地は近江坂本と丹波亀山という京都の咽頭部にあたる要地を与えられており、さらに佐久間追放の後は畿内総管としての位置づけもなされていた。

次々と沸き起こる疑念

だが、神戸信孝の越権行為が持ち上がった。光秀の頭越しの丹波国の在地の武士たちに対する動員令である。しかもそれは、光秀が家康接待役のために安土に呼ばれて留守の間の出来事であった。それは信長も承知の上でのことなのだろうか。そもそも丹波の動員をスムーズに進めるために、光秀を接待役として安土に引き寄せたのではないのか、疑念は当然にも次々と沸き起こってくる。

丹波国内で神戸信孝による軍勢催促がなされているという家臣からの報告を受けた光秀が、その事情を信長に問いただすという状況は、おのずから生じてこよう。そこから両者の諍いとなり、光秀が足蹴にされるという展開も。(9)

そして同十七日、光秀は家康の饗応役を解かれ、毛利攻めのための出陣準備を申し渡されるという流れとなっていく。毛利攻めのための出陣準備は光秀だけでなく、当時、安土に参集じていた武将たちにも命ぜられているけれども。しかし光秀にとっては、家康の接待役という大役を解任されたという屈辱に変わりはなく、この毛利攻めのための総動員令も、他の地域でも起こっていたであろう同様の越権問題を糊塗するための煙幕ではないのかという疑念も捨てきれなかったことであろう。

神戸信孝の四国遠征軍は自己の家臣だけでなく、諸方から徴募して編成された混成軍であったことが知られている。本能寺の変が勃発すると、「諸方から集められた兵士たち」[9]は信孝の下から逃げ去ったということであった。

使い捨ての駒という自覚

光秀の主観的な観点からするならば、その反逆決起に至る心理過程はごく短期間のもので、この接待役解任の同十七日から決起の六月二日までの十日余りの問題と考える。もとより彼の主観を越えた客観的諸条件は、後述するように信長政権十数年の全体の中で醸成されたものではあったけれども。

安土を去って坂本城へ帰り、また丹波亀山城に赴いて毛利攻めのための出陣準備をする間の、短くも長い日々の中で彼の心の内に去来したものは何であったろうか。その根本は、信長に対する信頼感の崩壊であったろう。

自分はいま畿内総管という高い地位にある。だが、そんなことは信長の前では何の保障にもならない。まさに畿内総管の前任者であった佐久間信盛が、その適例ではないか。織田家の譜代古参の家柄であり、織田家の宿老として軍事にも政事にも関わるという重要任務に預かり、巨大な権限を有し、畿内の武士領主を動員して、自己の配下として働かせることも意のままであり、信長からすべて委任されていた信盛である。

それが石山本願寺攻めが不首尾であったという理由で、いとも簡単に改易を申し渡され、のみならず信長の執拗さは、信盛を高野山から熊野の山中に追い込み、山中を彷徨わせた果てに野垂れ死せしめた処分。

光秀にとって、自分が特別な存在などではなく、信長の使い捨ての駒の一つでしかないという自覚を得た瞬間から、佐久間信盛に対する処分が自分の上にも降りかかってくるかもしれないという強迫観念から逃れられなくなったことであろう。

それは現在、自分のいる地位がまさに信盛追放ののち、信盛の地位を引き継いだものに他ならなかったからである。光秀は、信盛と同様に多くの畿内管区の武士領主たちを与力として支配している。一般の武将に比して遥かに強大な権限を与えられている。並みの武将ではないのである。

そのような恵まれた強大な権限を委ねられている光秀が、もし毛利攻めにおいて不首尾、失態を犯したならばどうなるか。佐久間信盛の末路の運命が降りかかってくることは、火を見るよりも明らかなことではないか。前掲の事変ののち細川藤孝に送った光秀書状から感得できるのは、そのような事情ではなかったかと思う。そこには、何らの野心もなければ野望の痕跡もない。大義を掲げる心の高揚もない。もとより陰謀や黒幕の存在もない。あるのは、ただ虚脱と放心のみ。泣き言と迷走のみである。

それが光秀の決起の事情を物語っている。彼はただ信長の恐怖から逃れたかった。佐久間信盛の野垂れ死の再現から逃れたかったということだろう。信長の下から出奔すればどうなるか、そこでは荒木村重の一類に対する処刑の悪夢が蘇ってくる。信長のいる限り、かれらに平安な境涯などありはしないのである。

いつかは粛正される運命

いくら大きな領地を宛がわれても、信長の心ひとつで何時なりとも取り上げられようし、安定的に保有していても、その頭越しに領内武士や農民を平然と動員していく。家臣の領地保有に対する尊重などは信長にとっては世迷言でしかなかったことであろう。もし、そのようなことを申し立てる者があろうならば、たちどころに改易、追放である。佐久間信盛の改易理由の一つに、信長の命令に対して口答えをしたことが挙げられており、そこには「あるべからざること」と明記されていた。

信長とともにある限り、必ずいつかは粛清される運命にある。信長の求める通りの行動をとり、しかるべき成果をあげている分には、その身は安泰であり、褒賞や加増にも預かれよう。しかし不首尾に終わった時には、悲惨な運命が待ち受けている。しかもその粛清の処断であるが、もちろん身分の低い武士にもふりかかることであるが、むしろ知行領地の大きな大身家臣に対してより苛烈である。信長に言わせれば、それだけ巨大な領地を宛行われながら不首尾に終わるということが許せないのであろう。

事の是非はともあれ、光秀が自己の地位と城地の大きさに目を向けた時、自分が極めて危険な立場にいることに気づくであろう。まさに佐久間信盛のあった地位そのものである。佐久間はいやしくも織田家の宿老であり、累代にわたって織田家に仕えてきた重き家柄ではないか。それであってもあたかも弊履、破れ扇を棄てるように、いとも簡単に粛清である。新参者である光秀が、この面において問題にならぬことは言を俟《ま》たない。

本能寺の変を、事件論的観点から検討するならば以上の通りではないかと思う。それは、残された具体的な証拠によって構成される事件像である。

それは本事変を、光秀の主観的動機の観点から分析したものである。しかし同時に、本事変はそのような光秀個人の主観的動機にとどまらない、より深く、より巨大な力が働くことによって発現したものでもある。以下では、個人の主観を超えた歴史の動態の観点から、本事変を検討したく思う。

二、歴史動態論的検討

本能寺の変という歴史的な事件を理解しようとするとき、そこに計画的陰謀や何らかの黒幕的存在があって、その指嗾によるものといった類の理由づけは、当たらないということは前節に述べたとおりである。

本事変は、やはり光秀個人の内面的な動機によって引き起こされたものである。しかし掘り下げて、光秀をそのような形に突き動かしたものという観点で考えた時、そこには信長の支配体制があり、またそのような支配体制を求める時代の状況が見えてくる。

本節では、そのような信長の支配体制とその背後に展開する時代の状況について検討する。

信長の支配体制

信長の行動、施策はたしかに革命的であった。特にまったく新しい組織の構築や政治秩序の改変において、従前の戦国大名体制からの明確な飛躍を達成していたと言いうる。信長のきわめて峻烈で専制的な政治体制は、中世的なものを打破し、社会を革命的に改変していくのにおいて多大の成果を挙げたが、しかし同時にそれは凶暴残酷な恐怖政治をも意味していた。

一向衆徒に対する殺戮は言うまでもなく、浅井長政や荒木村重らのように信長に逆らった者は、その一類にまでも残虐な処刑が繰り広げられ、そしてまた彼に従順な者も、その意に叶わないという理由でいとも簡単に放逐・処罰された。

佐久間信盛の改易と熊野放逐の一件は、織田家中に衝撃を与えたことは想像に難くないのであるが、信長の家臣団粛清は佐久間父子にとどまらなかった。林秀貞、安藤守就、丹羽氏勝といった人々が、相次いで織田家を追われた。

『信長公記』にはその理由として、「先年、信長公御迷惑の折節、野心を含み申すの故なり」[10]と記すが、はなはだ漠然としていて事の仔細は不明という他ない。追放を申し渡された方とて「先年」とは何時のことであるのか、いったい何を追放理由とされたのか途方に暮れるばかりであったろう。

この時期で信長が窮地に陥ったといえば、天正五、六年(一五七七、七八)の上杉謙信が盟主となった第二次信長包囲網の結成や荒木村重の反乱といった事態が想定されるが、「先年」という表現は、さらにもっと昔のことを指しているようにもとれる。しかしいずれにせよ理由不分明のままに、織田家譜代の家臣たちが粛清追放されているという事実だけは紛れもないことであった。

光秀の反逆

明智光秀の反逆はこのような脈絡の中で捉えられる。光秀の主観的感情の中では、佐久間信盛たちがたどった運命がいつか我が身に訪れることへの恐れが、抑えようもなく肥大化していったことであろう。その限りで本能寺の変は、信長によっていずれ粛清されるかも知れないという強迫観念に苛まれた光秀が、衝動的、突発的に引き起こした反乱事件として捉えることができるであろう。

しかし筆者が本書において強調したい点は、本能寺の変という歴史的事件は、そのような光秀の個人的な感情を超えた、優れて国制上のものとして捉えなければならないというところにある。

すなわち、佐久間信盛や林秀貞らに対する理不尽とさえ思える放逐劇は、もとより信長の個人的な資質からくる暴虐に他ならないのであるが、より本質的には信長の国制構想の根幹に関わる問題なのである。信長が思い描く国制の像とは、どのようなものであろうか。その最も具象的なイメージが、先に詳しく見た長篠の合戦のスタイルの中に認めることができる。

長篠の合戦の意義

長篠の合戦のスタイル。それは織田軍団の鉄砲隊によって武田騎馬軍団を壊滅に追いやった画期的な戦いであった。八時間にもおよぶ激戦を制して織田方に勝利をもたらしたのは、その鉄砲部隊であった。織田方および徳川方の鉄砲部隊による間断なき射撃でもって、戦国最強を謳われた武田軍団は壊滅に追いやられた。

そして前述したように織田・徳川方の騎馬士たちはと言えば、戦いの酣というときに、馬防柵の内側にとどまっていて自軍の鉄砲隊の活躍を観望するのみであった。稀に柵外への出撃を命ぜられても、それはあくまで偽装の出撃であって、武田騎馬軍団を自軍の鉄砲隊の待ちかまえる柵の近くへと誘導することがその役割でしかなかった。

「長篠合戦屏風」には、この間の事情が如実に表現されている。武田方攻撃部隊に対して正面からこれに対峙しているのはもっぱら織田・徳川の鉄砲隊であり、織田・徳川の騎馬武者たちは馬防柵の内側にあって、ただ戦いを観望するのみといった姿で描かれている。

同合戦への参加者の証言をもとに作成されたと思われる、長篠・設楽ヶ原合戦屏風図は、同合戦の本質を見事に活写していると言わなくてはならないであろう。

すなわち馬防柵内にいるおびただしい数の騎馬武士たちは、出撃の機会を与えられないままに、戦況――武田騎馬軍団と織田・徳川方の鉄砲部隊との熾烈な戦いの状態――をただ眺めているしかなかったのである。

「御敵入れ替り候へども御人数、一首《ひとかしら》も御出し無く、鉄砲ばかりを相加え、足軽にて会釈ねり倒され」(『信長公記』)と記されるところである。何故に⁉

信長は何故に、このような戦い方をするのであろうか。鉄砲部隊の活躍はよいけれども、そのうえに馬防柵内の騎馬武士たちを戦場に投入して働かせるならば、自軍がさらに強力になることは言をまたないであろう。八時間もかけるまでもなく、もっと短時間で武田軍を葬り去ることができたであろう。何故に信長・徳川軍は騎馬武士の出撃を控えているのであろうか。

ここに信長の非凡な才能、天才的と呼んでさしつかえないような構想力を見ることができる。長篠の合戦において、信長が新型武器である鉄砲を活用して勝利を得たことは、周知のことである。本書では前述したように、それは時間差を設けたローテーション射撃という形で鉄砲攻撃の能力を存分に発揮させていたのではないかということを指摘した。「雨の脚のような(雨が降り注ぐような)」(『三河物語』)と表現される、武田の騎馬軍団の連続、突撃戦法に一瞬のスキも与えないような鉄砲の連射迎撃である。

新たな軍制構想の実験場

　それだけでも充分に非凡な才能を示しているのだが、実に信長はそれ以上のことを同合戦に求めていた。それは鉄砲を主要武器として使用するだけではなくて、歩兵の鉄砲部隊だけでもって平原の大会戦を制することは可能かという、全く新しい戦術構想の実証実験を行っていたということである。さらには、歩兵による鉄砲部隊の戦力パワーがどれほどのものであるかの測定をも行っていたということである。騎馬武士の出撃が禁ぜられたのは、もしそれらが出撃してしまうと、これらの実験と検証を阻害することになってしまうからである。

　長篠の合戦場は、信長が抱く新たな軍事構想の実現可能性を検証するための壮大な実験場であったと評する所以のものである。

　新たな構想とは、鉄砲部隊によるローテーション方式射撃の有効性の確認、ついで足軽鉄砲部隊を自軍の軍事力の主軸として位置づけること、そしてこの新たな軍事体制に相即する政治体制、国家体制をいかに構築していくかという課題までをも視野に入れてのものであった。

　この戦いにおける信長の鉄砲戦力至上主義とも言うべき戦法、すなわち鉄砲が最初から最後まで全面的に戦場を支配するという戦法は、当時の人々にとってもまったく斬新で印象深いものであったということであろう。鉄砲の使用それ自体は、いずれの戦国大名においても行っていることである。それは武田とて同様であり、この長篠の合戦でも馬上攻撃と合わせて足軽による鉄砲射撃も行っていた。

しかし武田方の鉄砲は途中で弾切れを起こしてしまった。この事実が示すごとく、一般の戦国大名における鉄砲の軍事的比重はさして高くなく、多くの場合、開戦劈頭の攻撃から戦いの第一段階のみを担当するものであったろう。中世の「矢合わせ」の鉄砲版と言うべきものであった。

ところが信長の鉄砲使用法は、それとまったく異なっていた。鉄砲が最初から最後まで戦いの全局面を支配するという戦法であった。「御人数を一首《ひとかしら》も御出し無く、鉄砲ばかり」と表現されるゆえんであった。

固有戦力としての足軽部隊

長篠の合戦において騎馬士を柵内に止めたのは、次なる大坂石山本願寺攻めのために温存したのだという説明もなされていたようであるが、実際にはそれは口実にすぎず、信長が足軽部隊を固有の戦力として考え、これを基軸とする新しい軍制を志向していたことは、次の事実からも裏付けられる。それは「御狂《おくるい》」と称せられた信長の風変りな軍事調練のことである。

それは騎馬士と歩兵を二手に分かって闘わせるという変則的な調練を指していた[11]。
天正七年（一五七九）四月八日、信長は鷹狩りに出かけたが、その折にこの御狂が行われた。一方の騎馬士の集団は信長の馬廻り衆、小姓衆によって構成され、他方の歩兵組は多数の勢子衆からなり、それを弓衆を脇にした信長が指揮するという形をとった。そして騎馬士の面々は勢子集団の陣地内に駆け入ろうとしたが、信長は勢子たちを指揮して、これをよく防いで進入を許さなかったということである。

信長はまた同年四月二十六日にも、この御狂を古池田（現、大阪府池田市）で行っている。今回も馬廻り衆と小姓衆の騎馬グループと、足軽衆を率いた信長との二手に分かれて駆け引きを堪能したということであった。

この調練の形から知られるとおり、信長は足軽集団を中心とする歩兵部隊を固有の戦力として捉えており、これを育成し、伝統的な騎馬士中心型のそれに代わる新軍制として構築しようとしていたのである。

これらの御狂では鉄砲は用いていないであろう。それであっても、足軽集団の集団的圧力と機動的な展開によって騎馬部隊を制圧しうることが確認されている。そのような足軽集団に鉄砲という武器を持たせたならば、そしてその鉄砲が間断なき射撃を可能とする新しい射撃法をもって使用されるならば、それは騎馬士中心の伝統的戦法を圧倒する、とてつもなく強大な軍事力が構成されることになるであろう。

それは長篠の合戦によって十全に証明された。同合戦より後の時期に行われていたこれらの御狂の軍事調練は、右のような歩兵主体による新軍制の精度をより高め、確固たるものに完成させていくための試みであったろう。そしてそれは、このような新軍制を旧来の軍制に置き換えて、信長軍団の中核に定置させようとする構想に他ならなかった。

これらの現実を直視するとき、信長がそこで目指している武家社会の新しい組織構成がどのようなものになるかは、自ずから明らかとなる。そして光秀のような明敏なタイプの人間には、信長が構想しており、そして光秀自身の上にもいずれ降りかかって来るであろう、より恐るべき運命が感得されていたことであろう。すなわち、この「御狂」の軍事調練のなされていた翌年から、信長の粛清人事が始まることになるのである。

信長の家臣団粛清

信長にとって、多大の領地・知行所・禄米を取りながら、敵の城一つを落とせないような武将たちは追放するに若《し》くはなしである。そのような無能者たちは粛清し、その支配してきた領地や禄米は没収し、そしてそれを原資として鉄砲を調達し、あるいは鉄砲足軽たちを多数編成して、彼らを養うための扶持米（下級武士の日当）にまわしていくということ、これが信長の目指す方向となる。

　このような構成に転換した方が、よほど効果的であり、合理的であり、そして、より強大な軍事能力を発揮するであろうことは、長篠の合戦によって十全に証明されたところである。信長の家臣団に対する粛清人事は、このような新軍制への転換の謂いに他ならなかったのである。

　粛清の脅威は同時に、信長に対する絶対服従を調達するという観点からも有効であった。無能と見なされた者、逆らいだてする者たちは言うまでもなく、さしたる理由も見当たらないままに林秀貞や安藤守就といったような人物たちが放逐されていった。

　要は信長にとって不必要と見なされた武士たちは、粛清の対象にあげられていく。そして、その没収した知行地・禄米を原資として鉄砲の調達と鉄砲足軽部隊の増強が推し進められていく。

　伝統的な騎馬士も大身武将も、もはやその居場所が見当たらないという状態になりつつある。信長にしてみれば、彼らの存在は知行という資源の単なる無駄遣いにしか見えなくなっていることであろう。それらを整理して、浮いた知行、俸禄でもって足軽鉄砲隊を増強することこそが、彼にとって合理的な最適戦略ということになる。それ故に、彼の意に沿わない無能者から順に粛清されていくこととなるのは必定であった。

大身家臣の側からすれば、最終的に九州の一カ国でも自己の下に残れば最上の出来。もし彼に命ぜられた平定戦争の過程において失態、不首尾を引き起こした場合には、やっとの思いでそこまでに獲得した領地すら没収されかねない。佐久間信盛や林秀貞たちのように弊履を棄てるがごとく放逐されてしまうことであろう。

光秀の位置

このような趨勢の中で、光秀の位置づけはどのようなものであったろうか。この点において、光秀には少なからぬ自負があった。信長が佐久間信盛を追放するに際して公開した折檻状には、無能の信盛に対比する形で功績抜群の臣として光秀が第一に挙げられているではないか。さらに彼の領地である。彼の領地は一つは近江国志賀郡であり、琵琶湖に面して築かれた坂本城を有していた。彼のもう一つの領地は丹波国であり、亀山城を居城としていた。近江と丹波はともに京都の咽喉を扼する要地であり、これを二つながらに委ねられたということは、光秀に対する信長の信頼がいかに厚いものであるかを如実に示していた。そのうえ光秀は、五畿内の大名クラスを含む全武士領主に対する指揮権さえ信長から委ねられていた。

これらは信長の光秀に対する信頼感の高さを、端的に表すものであった。そして光秀もまた自分が織田家中にあって、自余の武将たちからは一頭抜きんでた特別な存在であると自負していたことであろう。信長による苛烈酷薄な粛清の嵐がいかに吹き荒れようとも、自分はそれらから自由であると。

しかし、それが勘違いであり、光秀もまた信長の単なる使い捨ての駒の一つでしかないことを思い知らされる時がやってくる。本書では、その転換の機縁が五月十四日付の神戸信孝から丹波国侍衆宛に発せられた示達であると位置づけた。この一つの文書が、光秀、信長そして秀吉、家康といった人々の運命を大きく変ずることとなる。

信長の専制的振る舞いが強まれば強まるほど、光秀の猜疑はいや増して深められていかざるをえなかった。そしてその思いの極まった時、「粛清される前に討つ他なし」という決断へと押し流されていったのは、ある意味では自然なことであったろう。

しかし事は謀叛であり、主殺しである。武士の社会では忌み嫌われる大罪である。そして現状はどうであれ、ともかくも信長は自分をここまで大身大名に取り立ててくれた恩人には違いない。それを思い、これを考えた時、決行にはためらいが生じる。光秀は煩悶に煩悶を重ねたことであろう。愛宕山に登り神前で神籤を引いたというのも、自ら決断をなしえないままに、神慮のいずこにあるかをうかがい知りたかったためであったろう。

三、結語

本能寺の変については以上のとおりである。問題は、直接的には光秀と信長との人間的な軋轢、葛藤の所産としてあったが、同時に、より本質的には、武士社会のあり方そのものをめぐる国制上の軋轢と矛盾の発現として捉える必要があるというのが本書の主要論点であった。

問題の本質が、信長政権の目指す新たな国家のあり方に根差すものである以上、本書をしめくくる本章では、改めて信長政権が志向していた新たな政治体制の全体像と、そこにおける本能寺の変の意義について総括を施しておく必要があるであろう。

中世から近世へ

信長の個性は確かにまったく新しいもの、中世社会から近世社会への推転を主導する諸々のものをもたらした。政治体制においても中世、戦国大名体制からの飛躍を実現した。

中世・戦国時代の社会では、武士は上層身分のそれであれ、下層の足軽クラスの者であれ、農村居住が常態であった。一般の武士は在地領主として自己の所領(領地)にある館(ヤカタ、タチ、タテ)に居住しており、将軍であれ大名であれその主君から召集がかかれば、そのもとに馳せ参じるという形をとる。「いざ、鎌倉！」というのが、中世武士の合言葉であった。

そして下層の足軽は半農半兵であり、農繁期には農民として稲作農耕に従事し、農閑期となれば足軽となって戦場を駆け巡るといった姿である。

信長はこのような風景を一変させた。信長は一般の武士であれ下級武士であれ、かれらを農村から切り離し、自己の居所として構築した巨大な城郭のもとに居住させる。それは一つには自己と城を防衛させるという目的のために、二つ目としてより重要なことは、自己の直下においてかれらを常備軍として編成し、機動的にこれを運用することを目指してのことであった。彼らが農村に居住している限り、緊急の事態を迎えた時、彼らを召集、動員するにも時日がかかり臨機の対応が困難であるとともに、より本質的な問題としては、半農半兵の足軽はいうまでもなく、一般の武士とても、農業生産の自然サイクルに拘束されてしまうという事情である。すなわち彼等の場合でも、「勧農」（治水・灌漑や種籾の支給など）という観点から農業生産に深く関与しており、またその従者の多くが農業生産に従事していることから、農業生産のサイクルから自由ではありえないのである。

三つ目には、本文でも指摘したことであるが、農民支配の根幹に関わる問題であった。中世の在地領主制の下では、勧農から租税収取、労役の賦課、農民の訴訟沙汰に至るまで、当然のことながら当該領主の差配下にあった。しかしながら、善政がほどこされているならば問題ないことであるが、社会が乱れ、戦国騒乱の時代ともなると当該領主も、自発的にであれ、より上級の領主の命令によってであれ、厳しい軍役を果たさなくてはならなくなる。

その結果、農民に対する過重な課税、労役徴収をもたらすこととなる。その積み重ねの帰結として農民の反乱蜂起としての「土一揆」を引き起こし、そしてそれが宗教（浄土真宗本願寺派）と結びついたときに「一向一揆」となる。信長がその政権時期の大半を、その制圧にあてなければならなかった重大問題であった。

信長が自己の家臣に対して発布した法令、すなわち柴田勝家に宛てた「越前国掟」などの法令には、ほぼ共通して「非分の課役」の禁止が掲げられている。家臣たちが、その領有する領地の農民に対して不当な課税をなすことを厳禁しているのである。つまりここに、信長が兵農分離をして、家臣たちを城下に集住させねばならない理由があった。

研究者の間には信長の兵農分離策に対する否定的意見もあるが、それに対しては本文（一五五頁）において筆者の見解を述べたとおりである。

信長の兵農分離とよばれる施策はこの関係を断ち切ろうとした点で画期的であり、革命的とさえ評してよいほどの影響を社会に及ぼした。これによって社会の構造は大きく変じ、聳え立つ天守を備え、堀と石垣によって囲われた巨大な城郭の出現と武士団の城下集住、そしてそれを経済的に支える商職人の居住する広大な城下町の形成、他方では武士領主的要素を多分に含んだ大家族中心の農村から、単婚小家族を基本として農業生産に専従する農民と農村の存在形態への変貌。中世社会と大きく異なる近世社会の風景が、日本列島に広がっていく。信長の兵農分離政策が革命的と評せられる所以である。

信長のカリスマと専制

生死を賭して戦場を駆けめぐる武士領主にとって、戦争における相次ぐ勝利の実績は何にもまして神秘的な素質を印象づける。武田信玄と上杉謙信、この戦国の二大英雄が信長との対決を目前とする中で共に急逝していったという事実は、いやまして天道・超越的な力による加護を得た者という神秘的な観念を信長にまとわらせていくこととなる。

比叡山の仏教寺院の焼討ち、一向一揆をなす浄土真宗信徒の大量殺戮を繰り広げてなお平然と前進していく信長に対しては、個人崇拝と信長の意命への絶対服従が、織田家臣団の中で当然のごとくに受容されていった。「武者道」を体現する信長、「天下」と一体化した信長、超越的権力としての信長という観念が広く受け入れられていった。

伝統的武士の自立性

信長は佐久間信盛や林秀貞、安藤守就といった大身、中堅の家臣を相次いで粛清追放した。

これら大身・中堅の家臣は、騎馬士であり、その封禄は実際の村や土地が宛がわれる地方《じかた》知行《ちぎょう》の形を取っている。家臣自身は安土城の城郭の内に与えられた屋敷に居住しているが、その領地は昔ながらの農村部に存在している。それは中世の在地領主制に由来する、もっとも伝統的な武士領主のあり方を継承する存在であった。

これら在地領主的武士の大きな特徴は、歴史に登場したとき以来、その領地（「所領」）の領有に対する強いこだわりであった。父祖が血と汗で築き上げてきた所領は、寸分たりとも失われてはならない、命に代えても守りぬかねばならないとする精神《エートス》を有する。この精神を表現したのが「一所懸命」の語である。今日、「一所」の意味が不明になってしまったために「一生懸命」という表現に転じてしまったが、本来は「一所」、すなわち父祖が築き上げた所領のためには命を懸けるの意であった。

ここから武士の自立の精神と存在形態が導き出される。武士たちの主君といえども、個々の武士の所領に対しては、これを尊重する態度をとらなければならなかった。個々の武士の主君に対する臣従と忠誠とは、己が所領に対する安堵（領有保障）を基礎としていた。個々の武士が主君に服従し忠誠を誓っているにもかかわらず、同時に自立的な存在でありうるのは、このような所領に対する領有保障が前提となっていたからに他ならない。

中世の在地領主制の下における具体的な所領の安堵を媒介とする主従関係は、戦国時代を経て近世に移行する中で次第に抽象的、計数的なそれへと変容していく。度重なる戦乱によって本来の所領が失われるとともに、戦功によって、より広大な領地が別個に宛がわれることもある。主君の国替えにともなって家臣の領地も新天地で新たに宛がわれることもある。

こうして武士の領地は、そこから生産される米の数量単位である石高で表現されることとなる。これも主君の蔵の中から俸禄として支給されるもの（蔵米取り）と、中世武士に近い形で具体的な村と田地が割り当てられる地方知行《じかたちぎょう》との、大別して二型がある。両者を合わせて封禄とも呼ばれる。

このようにして中世武士のあり方に比して、かなり変容を遂げているが、近世武士においても、封禄所持を根拠として一所懸命の精神と自立性の存在形態は持続されていた。

信長体制下の知行形態

そして信長である。信長は前述のとおり、兵農分離政策を推し進めることで武士の城下集住を常態化し、彼らの農村在地との結びつきを限りなく稀薄化していった。しかし地方知行の形態はなお広く存在していた。それ以上に、大身の家臣は大名として国単位で領地を宛がわれていた。例えば柴田勝家には越前国、明智光秀には丹波国（それと近江国志賀郡）、細川藤孝には丹後国といった具合にである。

だがそれら信長配下の領地領有に一所懸命の精神はありえたであろうか、武士の自立性の理念は生きていたであろうか。否であろう。信長にとって、一般の家臣であれ、大名クラスの家臣であれ、その領有する知行地や領国は預けおいたものにすぎず、そこから調達する兵糧米や陣夫などをもって信長の命ずる軍役を実行するための当面の軍事資源供給地にすぎないのであり、情勢の変化によって、信長の思惑でもって自由に変更されるべきものであった。

武士の自立性の理念についてはどうか。信長の態度は、かの越前国掟に明記されている。「とにもかくにも我々を崇敬候て、影後にてもあだに思ふべからず、我々あるかたへは、足をもささざるやうに心もち簡〔肝〕要候、その分に候へバ、侍の冥加有て長久たるべく候、分別専用の事」と。

そこで要求されているのは、信長に対する絶対忠誠であり、宗教的崇拝に近いものである。個々の武士の自立性の理念など信長の前では一顧だにされようはずもない。佐久間信盛折檻状には、同人の罪状の一つに、信長に対して信盛が「口ごたえ」をしたことが挙げられていた。信長の命令の前には、それに異を唱えることも、諫めることも許されていなかった。ただ無条件の絶対服従があるばかりであった。

良くも悪しくも、このような権力構造を構築したことだけをもっても画期的であったのであるが、信長は更にその先へと歩を進めようとしていた。すなわち、長篠の合戦において実証実験が試みられていた軍事構想であり、伝統的な騎馬士の部隊を抜きにして、足軽鉄砲隊だけで平原の大会戦を制することが可能かという問題であった。

長篠の勝利は、信長にとって己が軍事構想の正しさを証明し、確信させるものであった。軍事力の増強にとって必要なものは足軽鉄砲部隊の増強に他ならず、伝統的な騎馬士の部隊のそれではないということである。無能、無要な騎馬士のために支給している多額の封禄は、これを没収して足軽鉄砲部隊の増強のための資源として活用するに若くはなし、と信長が考えていくのは不可避であったろう。

それは唯に軍事編成の問題にとどまらず、必然的に国家形態の問題へと進んでいかざるをえない。すなわち、伝統的な騎馬武者のいない世界、すなわち中世の在地領主以来、さまざまな形をとりながら存在してきた本来の武士の階層が消滅し、一人の絶対者である信長と足軽階層だけが存在する存在する新しい武士社会である。そしてその先には、兵農分離によって農業耕作に専従する農民と農村が見られ、商工業者は城下町に集住して町人身分として位置づけられるという国の形が形成されていく。

革命的とも言えるこの軍事―国家構想であるが、さすがの信長といえども、それを実行に移すにはあまりに現実離れしていると感じたのであろう。即座に実施するのではなく、あくまでも内に秘めた構想として暖めていたことと思われる。

信長と光秀 直前の諍い

ところが、それを実行に移す絶好の機会が訪れた。佐久間信盛の改易、追放事件である。信長はこの事件で、織田家の宿老であり最重要の家臣の一人である信盛の領地を奪い、その身を追放して死に追いやった。この事件を機として、信長にとって配下の武士の封禄、領地で自由に与奪できないものはなくなった。信長にとって、かねて暖めていた構想を現実化する時が訪れたのである。林秀貞が、安藤守就が、丹羽氏勝が、理由なき理由によって改易され、その領地が奪われたのは、このような展開の中に位置づけることができよう。

そして光秀である。繰り返し述べたように、光秀自身はこのような流れを目にはしつつも、自己はその埒外のことと感じていたことであろう。彼は、佐久間信盛が改易・追放された時にも、無能の信盛に対比する形で功績抜群と明記されていたのであるから。信盛に続く家臣の改易・粛清の不穏が漂う中においても、信長軍団の馬揃えというハレの舞台の奉行を任されていたのであるから。そして畿内総監とも言うべき地位にあって畿内の武士領主たちを与力として支配する権限も与えられていたのであるから。

だが、一通の示達がその運命を狂わせることとなる。天正十年五月十四日付で神戸信孝から丹波国の国侍に宛てて出された四国渡海軍への動員令である。時あたかも光秀が家康接待役を務めるべく安土に詰めている時のことであった。この丹波国の大名領主である光秀の存在を無視するがごとき示達に対して、光秀が反発を覚えたであろうことは想像に難くない。光秀は、この神戸信孝の示達のことは信長も承知のことであるのかを問いただし、そこから両者の諍いに進んだという展開を本書では仮説的に提示した。

光秀は同十七日に家康接待役を解かれ、秀吉が戦っている毛利攻めのために出陣することが命ぜられる。

しかし光秀の出陣は六月一日のことであるし、信長自身も出馬の意向で京都に入ってきたが、すべて毛利攻めは六月に入ってのことである。家康の接待役という重要な役目を帯びている人間を急に解任すべきことでもない。これは光秀と信長との直前の諍いという推定を強く裏付けている。

国制的問題としての本能寺の変

信長がいま推し進めようとしている体制の変革というものが、伝統的な騎馬士を中心とするあり方から、これら騎馬士を限りなく解体して鉄砲足軽部隊の増強という方向へ移行していくということは、同時に国制のレベルで事態の変革の意味を捉えた時、それら騎馬士の根本属性である在地領主としての存在性、そしてそこに備わる自立性の契機を解消することに他ならない。

信長の追究する新しい軍事＝政治の体制とは、伝統的な在地領主的武士を限りなく整理排除し、彼らに備わる自立性の契機を解消するとともに、自己の意のままとなる鉄砲足軽階層を軍団の中核に据えることによって、いわば一君万民型の専制的政治体制を志向していたことが諒解されるであろう。

このように見ていくならば、かの本能寺の変なるものは、信長と光秀との個人的な確執による反逆事件ではあるにしても、より本質的には両者に体現されている政治体制の対立葛藤の問題として捉えられるべきものなのである。光秀の反逆は信長の滅亡をもたらしただけではなく、信長が創出した政治体制そのものに対して打撃を加えるものでもあったということである。

この矛盾葛藤の問題はさらに次代の豊臣政権、そして徳川幕藩体制に持ち越され、この近世と呼ばれる前後三百年にわたる時期の国制のあり方を規定することとなる。それは将軍権力と諸大名の領有権との葛藤の問題として、また全国各地の藩内においては大名権力と家臣団との間に展開される忠誠と反逆の問題として具現されることとなるであろう。

注

（1）拙著『歴史の虚像を衝く』（教育出版、二〇一五）二九三頁。

（2）細川家文書

（3）本文書の第一条目にある「大身を出され候て（原文では「被レ出二大身一候而一」）」の解釈が、困難である。高柳光寿氏ら他の研究者の解釈は、「細川家の大身家臣を応援のために、私に出されて」であり、文法的にはそちらの方が妥当と思うが、光秀の心情を思いやって、あえて本文ような解釈にした。実質的には同じ意味で、自分に味方してほしいの意である。

（4）光秀の嫡男十五郎の実名について、『明智軍記』に見える「光慶」は誤りとされてきたが、かの「愛宕百韻」の挙句にその署名があるところから「光慶」でよいかと思う。

（5）丹波国・人見文書

この文書について疑問点として指摘されているのは、同文書の神戸信孝の花押が、信孝の他のそれが横広で線も細めであるのに比して墨黒でずんぐりして、見た目に違いが歴然としているということである。この点について、谷口克広氏は、信孝の他の花押というのはすべて本能寺の変より後のものであり、花押の基本的な形は同じであるから、この違いは時代的変化と見るべきであり、同文書は真正文書と判定されている。筆者もまた同意見である。

なお、本文書の文章中、従来は影写本に基づいて「中船・小船の行［てだて］相断り、これを請取るべし」としてきたが、それは誤りであり、「中船・小船（を）、奉行ぇ相断り、これを請取るべし」が正しいことがわかる。また「丹州より馳走候」は「丹州より馳参候」であり、「陸陣中場の儀」も「陸陣中備の儀」が正しい。

（6）桑原三郎「本能寺の変の一起因」（『歴史地理』七三―一、一九三九）、谷口前掲『検証 本能寺の変』九一頁。

(7) 「織田信長の手紙」(『桑田忠親著作集』第四巻〔秋田書店、一九七九〕二八六頁)

(8) 前掲拙著『士の思想』五〇、二五一頁。

(9) フロイス前掲「完訳フロイス日本史」織田信長篇Ⅲ、一四四頁

(10) 『信長公記』巻一三

(10) 『信長公記』巻一二

(10) 池上裕子前掲『織田信長』二五六頁。

(12) この「天下」の概念についても、これを畿内近国のことと過小化してとらえる傾向が強いが、ルイス・フロイス『日本史』には「天下」について、「日本人が日本王国をさした言葉である天下《テンカ》」(前掲『日本史』織田信長篇Ⅲ、一一〇頁)という解説があることに留意すべきである。従って信長の有名な印文「天下布武」の意味も同様に解すべきであろう。

〔完〕

あとがき

筆者が三十年にわたって在籍していた国際日本文化研究センターは京都市西京区の桂にある。有名な離宮とは旧道をはさんで反対側の桂坂というエリアにある。阪急桂駅からその旧道を通って、歩けば三十分余の距離である。

私の研究室からも、その旧道は眼下に伸びていた。その道はさらに北西に進み、老ノ坂を越えて亀岡(旧、亀山)に至る。この旧道こそあの日、光秀が京の本能寺を目指して進撃をした山陰道(丹波路)に他ならなかった。そして本書において運命の岐路として重要視した沓掛の地も、ごく近傍にある。

光秀はどのような思いでこの道を進んだのか、日々それを問いかけられる通勤路であった。本書は、前書きに記したような研究上の要請でもあったが、同時にこのような運命的な環境から求められたものでもあった。光秀の思いを汲み取って、世の人に知ってもらうことは本書の課題であり、また同人に対する鎮魂の所以でもあると考えている。

＊　＊　＊　＊

本書はまた、朝尾学校の学徒としての報告論文としての意味も有している。信長の自己神格化論は、朝尾直弘先生の説として夙に知られている。本書はいろいろな意味において朝尾理論に深く依拠している。信長の自己神格化論は言うまでもなく、兵農分離論において、一向一揆論において、都市論において、そしてその他にも多くの問題においてである。

朝尾先生は本能寺の変について詳論はされていないが、佐久間信盛折檻状などに示される配下大名の所領支配にまで干渉する信長の統治論理と、光秀に体現される伝統的武士の存在論理との相克の中に同事変の本質を見出されようとしている。慧眼と申すほかはない。

先生は現在、長い闘病生活の中にあって執筆活動もままならない日が続いていますが、一日も早く全快され、再び旺盛な研究・執筆に取り組まれることを祈念する次第です。

＊　＊　＊　＊

謝辞は出版社にも申さなければならない。コロナ災厄もあって出版事情の非常にきびしいおり、本書の刊行を実現していただいた宮帯出版社、ならびに同社編集部の飯田寛氏に心から感謝申し上げたく思っています。

笠谷和比古

〔著者紹介〕

笠谷和比古（かさや かずひこ）

1949年、神戸市出身。京都大学文学部史学科卒業。大阪学院大学法学部教授。国際日本文化研究センター名誉教授、総合研究大学院大学名誉教授。主な著書・編書に『近世武家社会の政治構造』（吉川弘文館）、『主君「押込」の構造』（平凡社）、『士（サムライ）の思想』（日本経済新聞社）、『関ヶ原合戦』（講談社）、『関ヶ原合戦と大坂の陣』（吉川弘文館）、『武士道』（NTT出版）、『徳川家康 ― その政治と文化・芸能』（宮帯出版社）他多数。

信長の自己神格化と本能寺の変

2020年9月20日 第1刷発行

著　者　笠谷和比古

発行者　宮下玄覇

発行所　株式会社宮帯出版社
〒602-8157 京都市上京区小山町908-27
京都本社
営業（075）366-6600　編集（075）803-3344
東京支社
電話（03）3355-5555
http://www.miyaobi.com
振替口座 00960-7-279886

印刷所　モリモト印刷株式会社

　ISBN978-4-8016-0232-8 C3021